人口減少時代の都市ビジョン

樫《かし》 野《の》 孝《たか》 人《ひと》

カナリアコミュニケーションズ

プロローグ

ビジョン×都市戦略×
市民参画＝
市民満足度の最大化

私は二度の神戸市長選挙を通じて神戸市の未来ビジョンを構想したり、広島県庁や京都府庁の特別職参与として仕事をする中で地方自治体が抱えている問題点やその可能性を現場で感じてきた。共通して言えるのは地方にはまだまだ凄い可能性があるという事実と、地方が変われば本当に日本が変わっていくと確信したことである。

私が政令指定都市の市長を目指した理由のひとつも「地方から日本を変える」を自ら実現し、他都市にモデルケースを示したかったからである。実際、政令指定都市20市の人口合計は日本の人口の約20％を占め、東京都の人口を加えると日本の約30％の人口を占める。政令指定都市20市と東京都が変われば日本の3割が事実上変わり、その流れがあっという間に全国に普及して、残りの7割も改革されるだろう。つまり「日本が変わる」のである。

ひとつの特徴として地方自治体には、「他の自治体で評価された事はかなりのスピードで全国に拡がっていく」という傾向がある。かつての

プロローグ

ハコモノ行政の代表格だった美術館や博物館、競技場、昨今のゆるキャラやB級グルメまで「右へ倣え」の傾向はハードウェアであろうとソフトウェアだろうと変わりなく伝播していく。私が仕掛けた「おしい！広島県」観光キャンペーンは他県から参考にされたり、「おしい！桃太郎市」というキャッチコピーの類似企画まで登場した（もちろん岡山市役所から事前に申請を受け、広島県庁は承認しているが）。国全体で見ても戦略なく日本全国に港や空港を造り、どれもが中途半端で国際競争に敗れていき、生き延びるために補助金漬けになっているのも同じことと言える。

だから、神戸市が地方都市の新しいモデルとなる成功事例を創れば、日本全国に広がり、本当に日本は変わっていく。もちろん成功事例は神戸市じゃないといけないわけではなく、他都市がモデルケースを先に創るかもしれない。だが、私のような民間企業出身者からすると、政治家のような割の悪い仕事は地域への愛着が無ければとても出来ない。だから自分の出身地であり、育ててもらった神戸市を変えたかったのだ。

ではなぜ、もともと優秀な公務員で組織されている地方自治体の成功事例が遅々として出てこないのだろうか。その答えはマーケティングの観念が欠如しているからだと私は思う。

民間企業であれば社会環境の変化に、自社の商品、競合他社、顧客を掛け合わせて分析し、「他社とは違う」戦略を立てるので、地方自治体のように同じ施策が続かない。要はマーケティングをしているわけである。一方、地方自治体の問題点は「社会環境」の分析はしっかりしていても、「自社商品＝自地域の資源」「競合他社＝他府県・市町」「顧客＝住民」の3つの因子に恐ろしく無関心なのだ。

まず「自地域の資源」はその地域ごとに気候、歴史、人の気風、産業、特産品、文化的背景などかなり違う。この違いだけでも社会環境と掛け合わせると違う答え（行政施策）が出てくるはず。自地域の資源の競合優位性への認識が薄いということである。

「他府県・市町との差別化」については、他都市で導入した行政サービス情報の認識は早いが、財源が必要な事業には及び腰だ。なるべく寝た子を起こさないでおこうとする首長もいる。市民満足度を上げるために力を入れるよりも直近の財政負担を増やさない方が重要のようだ。それがじわじわ街の衰退に繋がるという意識が薄いのかもしれない。また地方自治体は財政破綻しても倒産はしないので競合他社という感覚があまりない。夕張市にしても破綻し国の管理下に置かれても夕張市が無くなるわけではない。実際には住民も街を選ぶ時代に入ってくるので、街の魅力が少なかったり、市民サービスが見劣りする街は人口減少に歯止めがかからなくなるだろう。過疎の村だけでなく過疎の市町が出現してくるわけだ。

そして、「顧客＝住民」をどれだけ見ているか、住民の意見を聞いて汲み取っているかだが、選挙を通して支援してくれた一部の利権団体の大きな声だけを聴くバランスの悪い首長がいる。そもそも市民の代表として首長になり、税金から報酬が出ているわけだから、自分を支援してくれたかどうかではなく、その地域に住んでいる住民すべてが行政サービス対象なのだ。それなのに耳の痛い意見を言う市民をクレーマー扱いしたり、なるべく突かれないように情報開示を疎かにしたりするようでは本末転倒である。

こうしたマーケティング的考え方が地方自治体に必要だと感じ、広島県庁ではチーフ・マーケティング・オフィサー（CMO）として仕事をさせてもらった。この考え方を導入することで自治体の提供する行政サービスは質量ともに充実し、住民満足度の向上にかなり効果があると私は思う。それを広報課の仕事として行い、前著で「地方自治体の戦略的広報」として書き著し、多くの自治体から講演の依頼をいただいた。うれしいことに「戦略的広報」を導入する地方自治体が増え、予算策定時期になると広島県庁や京都府庁には多くの地方自治体から導入経緯や成果、方法論などを質問する電話がたくさんかかっていた。マーケティングというと「企業が消費者にモノを売りつける宣伝」と勘違いしている方もいるが、私が言うマーケティングはもっと広義であり、「行政課題を解決していく過程の考え方」と理解してもらうと解りやすいかもしれない。

私は神戸市長選挙時に、マニフェスト偏重は良くないと宣言していた。一番大事なのは街の歴史、人、文化を理解し、「こんな街にしたい」と市民が思えるビジョンや方針の共有が大前提だと思ったのである。その上で、地域ごとの戦略＝アクションプラン＝マニフェストを創り、実行に移していくべきなのだ。だからマニフェストは状況によって書き換えるべきだが、ビジョンは長期で策定し、ぶれてはいけない。私の周りでアメリカのオレゴン州のポートランドの街づくりに興味を持つ人が増えている。ポートランドも市長が中心となって40年先を見据えた街のビジョンを策定し、それを市民が理解・共有し、進めているというのだ。（詳しくは吹田良平著「グリーンネイバーフッド」参照）

こうした「ビジョンを示す力」と「リーダーシップ」がこれからの地方自治体のトップに求められる要件だと私は思うし、市民サイドから言うと「選挙で選ぶべき人材」なのではないだろうか。

本著では、第一章で地方分権を進めるべきだと私が考える理由や背景を説明する。第二章では地方分権が進む過程において地域創生を可能にする「街のエンジンとは何か?」をマーケティング的に分析してみた。第三章では、人口減少時代における都市経営について新しいビジョンの形を提示したい。ここでは市民一人一人の意識のパラダイムシフトも重要なキーワードになってくる。そして第四章では、概念や考え方だけではイメージしづらいかもしれないので、第三章までの考え方を神戸市に当てはめた場合に神戸市のビジョンはどんな内容になるのか、それを進めていく戦略とはどういうもので、その具体的なプランを例として示してみた。完璧とは言えないが、市民の皆さんと議論していくたたき台としては十分機能するものにはなると思う。企業経営に携わっている時もそうであったが、大事にしなければいけない理念やビジョンを社員全員と共有し、方向性を示した後は、現場と一緒になって肉付けし、完成度を高めていく。そうして全員に当事者意識が生まれ、細部に魂が宿っていく。行政も同じではないだろうか。「参画と協同」とは行政が決めたことを市民が手伝うのではなく、街のあり方、行く末を一緒になって創っていく過程そのものが本当の市民参画だと思う。それが私の唱えていた「市民が主役の街づくり」の意味である。

本書をもとに大いに神戸市を議論し、正解でなくとも納得解を創ることが出来ればとても嬉しいし、一部分でも参考にしてもらい未来の神戸市が明るくなれば本望である。

また、第一章から第三章のフレームワークは地域要素を入れ替えて方程式を解けば他都市でも充分使用可能だと思うので、是非活用してもらい、全国で地方創生の活発な議論が生まれることを期待している。その結果、神戸市に先駆けて他都市で成功事例が生まれると少し悔しい思いはするかもしれないが、日本全国の市町村が元気になる一助になれば幸いである。

目次

第一章　地方分権が日本を変える理由

第二章

街のエンジンとは何か？

第三章
少子高齢化社会の新しい都市モデル

第四章
神戸の新・都市ビジョン

エピローグ

第一章

地方分権が日本を変える理由

東京都＋20の政令指定都市＝

日本の人口の約30％

1 地方分権がなぜ重要か？

地方分権というキーワードが社会で叫ばれて久しいが、その重要性は多くを語らずとも国民の肌感覚で理解されているように思う。やはり東京一極集中は地方の過疎化を促進し、東京から地理的に離れているところが生活上不利益を被るようになるのでは具合が悪い。

東京から見ても人口過密は「活性化」という点ではメリットだが、住環境や子育て環境、生活コストの高さなど不都合なことも多々あるのは事実である。また最近では地方以上に高齢化が進み、東京の高齢化スピードの速さを危惧する声も出始めている。いずれにせよ、地方分権を進めていくことは多くの人にとって合意できることではないだろうか。

一方で、集中の利点があるのも事実である。サービス産業は規模の経済を追求できて経済合理性は高くなるだろうし、高齢者も交通の便が良く買い物などにも便利な都市部に住んだ方が質の高い生活を送ることが出来る。生活エリアを拡大していくと電気・水道・ガス・道路などの社会インフラの整備やメンテナンスにかけるコストもかなりの高額になってくる。ある公認会計士の試算によると、過去30年間で造り続けた公共工事の維持管理費だけで年間10兆円のコストが必要とのこと。神戸市は山を削って海を埋め立てたり、高速道路を縦横無尽に整備する土木行政中心で街づくりをしてきたので年間1000億円の維持管理費がかかるそうだ。神戸市の税収は約2300億円。その4割が維持管理費だけで消えてしまうわけである。いつ自然災害が起こるかわからない中、新しいインフラを次々と造っている場合ではなく、これまで造ってきたハードインフラが寿命を迎える前に、また寿命が少しでも延びるように維持管理にコストをかけていかないと、何か起こった時に取り返しがつかない。

また社会インフラにかけたコストと、そこから得られる税収を比較してみると、明らかに都市部に集中した方が効率が良いことも証明済みである。コンパクトシティ化を進める理由は、こうした社会コスト（つまり税金で賄っていく必要経費）を削減していく意味と、人々が暮らしやすい街のモデルと言われる「クリエイティブシティ」の例としてセサミストリートのような「ある地域に、住居、学校、病院、仕事場、遊び場までワンパッケージですべて揃っていて、その地域の人々がみんな顔なじみのような「コミュニティ」という意味の両方があると思われる。但し、コンパクトシティを具現化する時に、都市部に高層ビルを建て、そこを中心に街づくりをしていくという考え方には私は反対である。高層ビルにはコミュニティは生まれないからだ。ビル内で知人と会っても立ち話は弾まないし、長居することもない。エレベーター内だと多人数で黙って階数表示を眺めるだけである。ひところ、休憩場所や食堂、バーまで、何でも施設を社内に揃える会社が増えたことがあったが、こうした機能は社外の「街」に任せて、機能をシェアしていくことが重要だと私は思う。打ち合わせは近くの喫茶店で、休憩も歩いて5分の公園で、食事は顔なじみの飲食店で（大手チェーン店ではなく、地元の飲食店なら尚素晴らしい）。これが出来るのが地方のメリットだろう。詳しくは後述するが、高層ビルを中心とした容積率重視の上へ伸びるコンパクトシティではなく、横に展開する長屋型コンパクトシティを具現化していくべきだろう。そうすると、コミュニティの再生や、安全な地域づくり、街の活力化、中小商店の活性化など今抱えている課題の解決につながっていくと私は思う。

2 20の政令指定都市で日本の人口の20%を占めている

さて、多くの政治家が「地方から日本を変える」というスローガンで選挙を戦っている。私も2013年の神戸市長選挙ではメインのキャッチフレーズは「市民が主役の街づくり」だったが、サブキャッチフレーズとして「神戸から日本を変える」という言葉を使用していた。これは私の後援会がお揃いのポロシャツを作る際にみんなが考えて選んでくれた言葉だ。おそらくどこの地域でも、そこに住む市民の気持ちとして、「わが町が突破口となって日本を変えたい」という想いは共通しているように思う。が、それは本当に可能なのか？出来るとすればどんな方法なのか？をここでは考えてみたい。

まず、私が着目したのは政令指定都市の人口だ。現在ある政令指定都市20都市の人口を合算すると約2540万人、日本の人口1億2760万人に対して約20%に相当する。

日本全国に市町は約1800あるが、その中の20都市が人口の2割を占めているわけである。これに東京都の人口1335万人を加えると日本の人口の約30％に相当する。つまり東京都と20の政令指定都市が改革できれば日本全体の3割が改革できるのである。市民の直接選挙で選ばれる市長は予算と権限、職員の人事権という大きな力を持っているので、都知事と20人の政令指定都市の市長が素晴らしい都市経営をすれば「地方から日本を変える」は実現する可能性が非常に高い。昨今は、本当に街を思う市民の力によってそれが出来る力量を持つ市長が続々と誕生してきているように思う。さらに、人口30万人以上の中核市41市、人口20万人以上の特例市40市を足すと基準財政収入は15兆2000億円となり、国全体の5割を超える額となる。東京都と政令市の21人の首長が変われば日本の3割が改革できる。それに中核市と特例市の81人を足して102人の首長が変われば日本の5割以上が改革できるわけである。

国政から変えようとすると717人いる国会議員の過半数を獲りにいかなければ、なかなか思うように進まない現状を考えると、102人の首長をピカピカの人材にする方が日本の改革には近道だと私は考えている。もちろん、ここで言う改革とは住民に身近な「暮らし」についての改革である。国家としての存立にかかわる外交や防衛、大きな経済政策、金融などは国に任せるべきであり、その役割分担こそが地方分権の本質なのである。

3 地方自治体では、良い事例はあっという間に拡がっていく

前項で、中核となる都市が変われば日本全体の3割とか5割とかが改革できるということを数字で示したが、実は地方自治体にはそれ以上に改革が拡がる体質がある。それは「ひとつの成功事例があっという間に日本全国に拡がる」という体質だ。

かつては、どこの自治体も新幹線の駅誘致にやっきになり（今ならリニア新幹線）、港を造り、空港を造り、美術館、競技場など、全国どこでも似たようなハコモノが競うように造られた。Jリーグがブームになると、サッカー場が全国に建設され、マンガやアニメが流行ると取ってつけたようにマンガやアニメをネタにしたイベントを開催する。ゆるキャラが流行れば全国がゆるキャラだらけにな

る。ひとつの県や市だけではなく、各部局ごとに作るものだから一つの地方自治体に多数のゆるキャラが存在するのだ。しかもゆるキャラを生むだけ生んでおいて育てないから死屍累々の状態。だから市民にも知られておらず、啓発キャンペーンに登場しても効果が薄いのである。広島県の特別職参与をしていた時には、見かねて「キャラクター総選挙」を企画し、広島県がイチオシするキャラクターを県民の投票で決めるという荒技までやらせてもらった。

昨今ではB級グルメが目白押し。もともとあったご当地料理が人気になったものは良いけれど、まったく新規に開発して売り出す料理はそもそも「ご当地もの」なのだろうか？甚だ疑問を感じることも多い。

一方、暮らしに根付いた良い例もある。東京都杉並区の和田中学校が実施した「よのなか科」と「地域支援本部」は生徒だけでなく、ＰＴＡや地域も巻き込んだ成功例と言えるだろう。全国から視察が訪れ、あっという間に日本全国に拡がっていった。また、横浜市が４年間で待機児童をゼロにしたことがニュースになると、今まで見て見ぬふりをしていた地方自治体まで「待機児童ゼロ」を宣言し、保育所整備に猛進中だ。

私が仕掛けた「おしい！広島県」観光キャンペーンのような取り組みも観光立国の流れに乗って、全国で目白押し状態だ。

このように、ひとつのヒット、ニュースが全国に飛び火し、あっという間に拡がるのは地方自治体の特徴でもある。民間企業はどちらかというと「他社がやっていない事をやる」傾向が強いが、地方自治体は良く言うと「良いものはすぐに取り入れる」、悪く言うと「パクリ力」がスゴイ。

だから、ある都市が地域の新しい成功モデルを提示できれば、それはあっという間に全国の都市に飛び火し、都市改革は思ったより早く実現できるだろう。たった5万人の人口しかいない佐賀県武雄市で起こった樋渡前市長の改革が全国で注目され、視察が後を絶たないと聞く。きっとこの数年内に「公設民営の図書館」や「反転授業」「フェイスブックを使用した地元物産eコマース」などが拡がっていくだろう。だから私は本気で「地方から日本を変える」ことが出来ると思っているし、それが日本を良くする近道だと思うのである。

4 やみくもな地方分権は必ず失敗する

地方分権が日本の改革の突破口になると書いてきたのだが、これもやり方を間違えると大失敗するので、そのリスクについても言及したい。

前項で書いたように、まずは悪い例も全国に飛び火するということだ。ただ、この「悪い例」はその時点で誰も「悪い」と思ってないからやってしまうわけで、正しい価値基準で都市のマネジメントが行われているかというと甚だ疑問も多い。一部の利権団体の主張のみを聞き入れたり、自分を支援する組織を優遇したりするのはよくある話だ。私は二回市長選を戦ったが、負けた後必ず私を支援した組織や人を締め出すような動きを現職側（市役所）がしてくる事があった。こういう事がまかり通ると、誰も選挙には出られなくなるので、その都度正面からクレームを言い、事実を明らかにし、是正してもらうようにしてきた。昔なら巨大権力に対して泣き寝入りをしていた候補者がたくさんいただろうが、今はネット時代。悪事はＳＮＳなどを通じてあっという間に世間に拡がるので、そうした卑怯な手口が通用しなくなってきている。だから私が表玄関からクレームを言うと、対処せざるをえないのである。

このように、任せる首長を間違えると、地域は破綻していく。よく考えてみると簡単な話だ。企業でも管理職全員に同じように調査研究予算を与えると収拾がつかなくなる。真面目に企業のために研究費として使う管理職もいれば、日頃のメンバーの頑張りへのねぎらいとしてガス抜きに使う管理職もいる。全員が全員期待通りに行動してくれるとは限らないから、全国一律の地方分権は危ないのである。首長にも必ず出来不出来があるので、優秀な首長にはどんどん予算と権限を与え、特区などを推進してもらい、期待を裏切る首長はある程度国が管理していかないといけないのではないか。このように書くとお気づきの方もいらっしゃると思うが、本来はそのチェック機能を地方議会が担い、健全化していくわけだが、残念ながら地方議会はオール与党化し、役所の追認機関のようになっているところが多い。また首長の良し悪しを判断し、選んでいくのは市民の役割であり、権利なのだが、全国押しなべて投票率が低く、自分たちの地域のために本当に良い首長を選ぼうという意識が低いのも現実問題だ。ちなみに、２０１３年（平成

25年）の神戸市長選挙の投票率は35％、過去の歴史をひも解いてみると、投票率ワースト5に、神戸市が3度、京都市が2度も不名誉な名を連ねる（図表1）。特に神戸市は戦後64年間ずっと副市長が市長になるという内部昇格のようなシステムで市役所運営をしてきており、組織選挙の形を作り上げているので、投票率が上がらない方が現職に有利なわけである。だから市民がなるべく関心を持たないように、知らせないようにしてきた歴史の中で、こうした低投票率になったのだ。2013年の神戸市長選挙時に、地元FM局とレンタルビデオ大手TSUTAYAが組んで、「投票に行こうキャンペーン」を立ち上げた際、私鉄各社が掲載した中吊り広告と同じ広告が一旦は市営地下鉄にも掲載されたが、その後、神戸市役所が突如「掲載不可」とし、その広告を市営地下鉄から取り下げる事件があった。一旦、市営地下鉄に掲載した後に「取り下げ」となったのだ。それだけでなく、以前私がその会社の社外取締役をしていたので、選挙違反だというネガティブキャンペーンまで仕込まれた。私

（図表1）　政令指定都市　投票率ワースト5

1	京都市	昭和54年	16.13％
2	京都市	昭和50年	19.50％
3	神戸市	平成５年	20.43％
4	神戸市	昭和56年	20.48％
5	神戸市	昭和60年	22.44％

はそもそもこのキャンペーンに関与していないが、それにしても「投票に行こう」という広告のどこが選挙違反なのか今でも理解できない。本来それは市役所（選挙管理委員会）自身がやるべき広報であろう。過去に遡れば神戸空港の建設問題が巻き起こった時に、市民が立ち上がり35万人もの反対署名が集まったにも関わらず、それを無視し、市役所は建設を強硬、議会も追認した。これだと市民に無力感が蔓延しても仕方ない。

こうした「市民が地域のことをきちんと考えて首長を選ぶ」という仕組みを再整備しなければ、実は地方分権は絵に描いた餅どころか、地方の利権の乱用につながる可能性があるということをあえてお伝えしておきたい。

5 東京からの改革の指示は明確か？

地方分権をテーマにした政治的議論があちらこちらで活発に行われているが、それらの議論に欠けている視点は何だろうか。それは課題と解決策を地方にローカライズするということだ。ある意味、東京は特異な街である。自動車に例えると時速100㎞で高速道路を走り続けているような街だ。そのため人々は日常的なストレスと緊張感を知らず知らずのうちに感じている。私自身も20年間東京で働いていたが、その時はそれが普通であり、刺激的でもあった。そして時々地元神戸に帰省する度に、青い海と空、緑の山、暮らしの穏やかさを感じ、「本来の生活ってこうだよなぁ」と感激していた。高速道路から一般道に降りてほっとする一方で、走っている車の遅さに似たもどかしさを地元の仕事や生活に感じることも多々あった。

こうした感覚もしばらく住むと無くなってくる。自分が地方のスピードに馴染んでくるのだ。今は目に飛び込む海や山の景色も当たり前のように感じるし、以前のような感動が減ってきている。仕事や生活に感じたもどかしさもそんなに気にならなくなった。一方、東京に出張に行くと、せわしなさに窮屈感を感じ、息苦しく感じるようになってきた。だから、「地方から東京に出てきた人」も現在進行形では「地方の感覚やスピード感」からズレていると思った方が良い。その感覚で改革案を押し付けても地方では違和感を感じるだけなのである。

また「東京から人を呼び込んで」「若い人を集める」などと言う意見も、まずは言っている人が自ら地方に住まないと説得力が無い。自分自身は東京に住み続けているのに、周囲の人に「これからは地方に行くと良いよー」なんて信憑性に欠ける話だ。東京からの改革案で一番必要なのは、それを叫んでいる人が自ら地方に移住したくなる政策だ。自分が一番に手を挙げて地方に行く、あまりに美味しい政策なので出来れば人に教えたくないと思うほど魅力的な内容が必要なのだ。残念ながら地方は人材の質量ともに足りないのが問題で過疎化していく。その解決策を読者自身に担ってほしいのである。脚本を書くだけでなく、それを自ら演じて初めて地方は元気を取り戻すと私は思う。この「誰がやるの?」を解決するのが地方分権時代の最重要な鍵と言っても過言ではないだろう。

6　地方改革のツボは、地域の熱源探し

1868年の開港後の当時の神戸市には4種の人材がいたという。もともとの

神戸人、東京からやってきたお役人、中四国九州から出稼ぎにきた人、港神戸ゆえの外国人、この4種の人材が混じり合い、新たな文化や生活様式を作り上げていったのだ。例えば、初代兵庫県知事の伊藤博文（初代総理大臣でもある）は中央官僚として神戸にやってきた。現在の双日や帝人などを生んだ日本最大の商社だった鈴木商店は高知県からやってきた金子直吉が番頭として押し上げた。神戸に本社を置く川崎重工は鹿児島県出身の川崎正蔵が創業し、同郷の松方幸次郎（父は松方正義元首相）が後継者として造船だけでなく鉄道事業へも進出し、神戸新聞社長にも就任、1912年には衆議院議員となるなど、政治、経済、メディアの3つを統治し、日本を代表する企業になっている。日本初のゴルフ場である神戸ゴルフ倶楽部はイギリス人貿易商アーサー・H・グルームが神戸にゴルフ文化をもたらした。チョコレートのモロゾフやゴンチャロフはロシアから、ユーハイムはドイツから、と港町神戸に集まる外国人がもたらした世界の文化は数知れない。外国人が住む異人館や居留地が世界のライフスタイルを神戸にもたらし、マラソン、サッカー、ボウリング、バスケットボール、ジャズ、映画など神戸で日本初が生まれたのも当然の成り行きだろう。それが神戸のハイカラ文化となり、異人館に代表される異国情緒あるれる街並みと合せて、「神戸はおしゃれ」というブランドに繋がっていったのだ。かくいう私の父は広島県出身、母は鳥取県出身。中学高校を卒業して、当時の「花の大都市・神戸」に出てきた。出稼ぎなのか、夢を見てなのかはわからないが、父と母は神戸で出会い、お見合いをして結婚、私が生まれることになる。私自身は26歳の時に仕事で東京に転勤し、20年間ビジネスの最前線で仕事をしてきた。特に最後の10年はラットレースと言われるくらい変化が速いＩＴ業界で揉まれた。その後、神戸に戻ってきたので、ある意味東京からの出戻り組、良く言えば逆輸入と言えるだろう。間違いなく私の体内には、もともとあった中国地方の遺伝子が神戸文化で育ち、東京という特異な環境で鍛えられ、変化した形で保有されていると思う。

ところが、この人材の多様性が希薄になってきている。東京から神戸にやって来るお役人の数は減り、中四国九州の人は神戸を飛ばして東京に行く。在留外国人も神戸港の衰退とともに（１９８０年にはコンテナ取扱個数のランキングが世界３位の貿易港だった神戸港は２０１２年は世界52位）、東京や横浜、名古屋にも抜かれてしまった。どんどん異文化共生から単一文化に移行してきているので、かつてのような開放感や新しい事を取り入れる進取の気風が弱くなってきているように思う。

このように、地方を元気にするには「人材の多様性」が重要であり、そうした状況を受け入れる街としての許容量が必要なのだ。よそ者を排除するような風習や仲間内だけで仲良くするような状態、既得権がのさばるような状態ではどれだけ良い改革案を作っても実現することはないのである。プロ野球やJリーグに例えると、外国人助っ人を活かす風土と言えるかもしれない。私が特別職参与として仕事をした広島県の観光キャンペーン「おしい！広島県」が大ヒットしたのも、外国人助っ人である私を県庁という公務員組織が受け入れ、意見を戦わせながら新しい価値を生み出していったからこそ出た成果なのだ。こうしたオープンな風土の有無が地方創生の成否を決める要素となってくるのは間違いない。

そうした人材の多様性をつくる上でも一番重要なのは「地元の人材」だ。助っ人に頼る部分があったとしても最後は地元の人材が主役となって改革を進めないと本物にはならない。この人材が見つからなければどれだけ素晴らしい地方改革案でも絵に描いた餅になる。逆に言うと、改革案は地元の役者がいないのに脚本を書くのではなく、地元でキャスティングできる役者を想定して脚本を書くという方法にしないとダメなのだ。そう考えると、いくら日本全体の課題・テーマとして医療や環境、アニメが重要テーマだと言われても、地元にそれを担える人材がいなければ実現するわけがない。そもそもそうした人材が育ってきた土壌も無いのに、お役所が机上の空論でアニメフェスティバルや医療特区をやっても「根っこのない切り花」みたいになる。まずは地方の歴史、文化、そしてそこから生まれ、根付いてきた人の特質を活かした改革案にローカライズする必要があるのだ。

また、地元には既に頭角を現している役者もいれば、埋もれている役者も。将来楽しみな役者もいれば、過去の失敗体験や現状の閉塞感で諦めている役者もいるのだ。そこに刺激と情報を提供し、人と人を繋ぎ、化学反応を起こすと、埋もれていた人材も一気に花が開くどころか、改革の立役者になってくれる。私が神戸の改革を考える際に一番に取り組んだのは地元人材の熱源探しだった。マスコミに大きく取り上げられるわけではないが、本当に素晴らしい活動や、熱い考え方でイキイキとしている人材を見つけることが出来れば、改革は必ず実現するし、きっと最初のきっかけを提供すればいろんな事が転がり出し、根を大きく張った成長を遂げるだろうと思っていたからだ。そうした方々との出会いや活動をまとめたのが拙著「地方再生　7つの視点」だ。地域を変えていく主役となる人材探し、そしてその方々を繋ぐ仕組みと化学反応を起こす元になる仕掛け、要素、きっかけのヒントをまとめたのだが、ここにこそ地方改革の核心があり、地元の人を中心とした改革こそが本当の改革だと私は確信している。広島県や京都府のアドバイザーとしての仕事は、私は外国人助っ人として役所の職員の方々や地元の人にどう火を点けるかを意識しながら動いていたが、神戸市に関しては私自身が地域を変える熱源でありたいし、外国人助っ人を受け入れる度量を持ちたいと思っている。

第二章

街のエンジンとは何か？

（社会環境＋生活者特性＋
自地域資源＋競合地域）
×市民の想い＝
都市ビジョン

1 アメリカ・デトロイト市はなぜ破綻したのか？

ＧＭ（ゼネラル・モーターズ）やフォードなどが本拠を構える自動車の街、アメリカ・デトロイト市が２０１３年7月18日、米連邦破産法第９条を申請し破綻した。負債総額は１８０億ドル（2兆１０００億円）。ちなみに神戸市の全会計市債残高は2兆２０００億円）で、アメリカの自治体の破綻としては過去最大規模となる。

デトロイト市は１９２０年代からアメリカの主要な自動車メーカーが本拠を構え、世界最大の自動車の街として栄えてきた。戦後は自動車産業の発展に伴い人口はさらに増大、ピーク時には１８０万人を超えていた（神戸市の人口は約１５４万人）。だが80年代以降のアメリカ自動車産業の衰退に合わせて人口も減少し、２０１２年には70万人近くにまで減少している。

その後、自動車産業は復活の兆しを見せたが、高賃金労働者の多くが新しく開発された郊外の住宅地に移り住み、デトロイト市の中心部に人口が戻って来なかったため税収が伸びず、破綻への道を辿ることになった。都市は凋落傾向がはっきりしてくると、多くの会社や人はより条件のよい場所に移動してしまうのだ。

さらに、負債額180億ドルのうち、半分が退職した職員の年金や医療保険費を占めるという。かつて日本航空が会社更生法の適用を申請した時にもOBへの年金負担が重く、それを削減する合意がなされるまでは再生に手間取っていたが、こうしたレガシーコスト（過去のしがらみから生じる負担。いわゆる負の遺産）の処理も財政に与える影響が大きいと言えるだろう。

このように都市にとって人口の増減が大きく税収に影響し、街の行く末を決めるわけである。それを左右する地元企業の活性化、そして住民が住みたくなる環境づくりが都市の経営では求められることは明らかである。

有識者らでつくる政策発信組織「日本創成会議」の人口減少問題検討分科会（座長・増田寛也元総務相）によると、2040年に若年女性の都市部への流出により全国の49・8％にあたる896市区町村が「消滅」の危機に直面するという試算結果が発表された。地域崩壊や自治体運営が行き詰まる懸念があるとして、東京一極集中の是正や魅力ある地方の拠点都市づくりなどを提言している。

消滅可能性都市は、北海道や東北地方の山間部などに集中しているが、大阪市の西成区（減少率55・3％）や大正区（同54・3％）、東京都豊島区（同50・8％）のように大都市部にも分布しているようだ。人口減少社会は避けられないが、『急減社会』は回避しなければならないと言えるだろう。

2 人口増加と企業誘致、どちらが税収は増える？

では、市町村の税収構造はどうなっているのか？

現行の租税配分の実態、すなわち形式的配分は国6に対し地方4であるが、地方交付税、国庫支出金等が国から地方へ交付される結果、実質では国4に対して地方6の割合で財源が地方の方に多く帰属されている実態と、行政の効率性の観点から、あくまでも実際に行っている仕事に見合った配分を行うべきであるという議論もある。こうしたそもそもの枠組みを変更するというのも重要だが、ここではあくまで現行制度の中で何が重要かを考えてみたい。

市町村税制は、市民税、固定資産税（都市計画税）を中心として安定性はあるが伸長性に乏しいといわれている。その中でも個人市民税と固定資産税が税収の大半を占めており、法人市民税の税収全体に占める割合は非常に少ない（図表2）。神戸市の場合だと、個人市民税1000億円、固定資産税1000億円、法人市民税250億円だ。神戸市の人口は154万人。単純割すると一人当たり6万円の市民税を支払っていることになる。これは10万人が増えると60億円、20万人が増えると120億円の増収になる計算だ。

（図表2）　市税収入決算額の推移

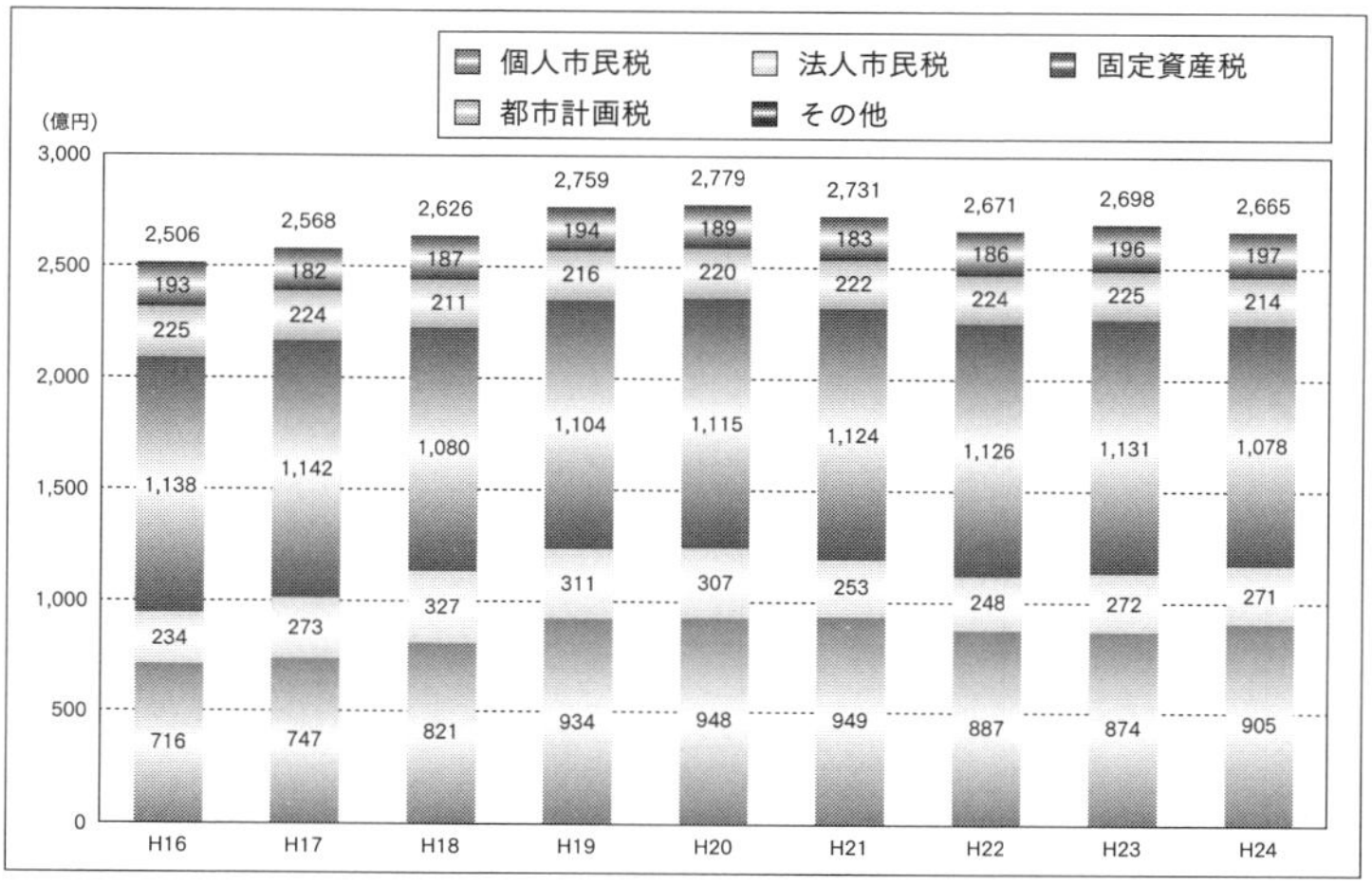

一方の法人市民税だが、神戸市のGDPは約7兆円。この企業活動から生まれる税収は250億円しかない。つまり人口20万人増による120億円の税収を増やすには、今の経済活動を1・5倍にしないといけないのだ。感覚的に例えると、神戸市を代表する企業の神戸製鋼の売上が約2兆円、川崎重工の売上が約1兆円だから、神戸製鋼と川崎重工クラスの企業があと1社ずつ必要という計算となりかなり難しいと言わざるをえない。もちろん雇用を増やす企業誘致は個人市民税も増やす効果があるので有効なのだが、現在の医療産業都市のように1000億円超を投下して280社が集積しても雇用は6000人しか増えていない（1社あたり平均約20人）ので、個人市民税はあまり増えないだろう。私が経営していた株式会社IMJですら従業員1000名いたので、1000億円投資してIMJ6社分しか雇用を増やしていないのは投資対効果としてはまだまだと言えるだろう。出来れば労働集約的な産業の規模を拡大して、多くの人件費を支払う企業を誘致したり、育成したりする方が税収増につながりやすいと思われる。具体的に言うと、医療産業の研究機関に巨額の資金を投下するより、医療現場や介護サービスに従事する人材の雇用に資金を投下したり、子育ても施設拡充も大切だが、保護士や教育現場で働く先生方を増やすこと、旅館やホテル、店舗などサービス産業の最前線でおもてなしという顧客価値を提供するところに予算を投下し、雇用を増やすことにより、その街に住む人を増やして、結果的に個人所得税を増加させることが都市が担うべき役割であり、税収を増やすための最善策だと私は考える。

3　街のエンジンとは何か？

インターネットの世界ではトラフィック（アクセス数）を集めるサービスが独り勝ちをするため、世界中の企業がユーザー数とトラフィック数を増やすために血眼になって競争をしている。すっかり定着した感のあるフェイスブックは約13億人ものユーザーを集め、時価総額2000億ドル（約23兆円）の企業になった、最近話題のLINEは4億人ユーザーを集めており、上場すれば時価総額は1兆円を超えると言われている。これに対抗するため株式会社楽天はアメリカの無料通話アプリ「バイバー」を910億円で買収。2013年にまだ150万ドル程度しか売上がない中で、3億人の登録ユーザーを910億円で買ったと考えると、ユーザー1人あたりの獲得コストは約300円だから適切な買い物だと三木谷社長はインタビューに答えている。

確かにインターネットはユーザーを集めた企業が独り勝ちする確率が高いので特殊な部分があるが、リアルな世界でも人が集まるところに情報もお金も集まるのは間違いない。そもそも人が集まるところは活気があり、楽しいのだ。かつては東京・銀座がその一等地だった。地価も高く、一流店が軒を並べ、高所得者が歩き、ウィンドウショッピングする「銀ブラ」が大流行した。その後も、東京では若者は渋谷に集まったり、池袋に集まったり。文化人は神楽坂、おたくは秋葉原と人の集積をつくっている。アメリカのIT産業が勃興したのもシリコンバレーを中心にしたスタンフォード大学卒業生の起業家の集積が今の一大産業を生み出したのだ。

前項で書いたように、人口が減っていく地域は活気がなくなるばかりか、経済活動を行うマーケットとしても魅力がないので、企業も離れていく。当然、所得税などの税収も減り、財政的にも厳しくなるだろう。つまりは街を元気にするエンジンは「人が集まる」仕組みがあるかどうかなのだ。最初はお金を使って人を集めることが出来るだろうが、それだけでは長続きしない。いつかは財政が破綻する。その地域が備えている豊かな自然などは神様が託してくれた財産だろう。お城や神社、仏閣、古墳などはご先祖様が残してくれた遺産だろう。そこから生まれたその土地固有の文化や歴史、ブランドなどは無形資産と言える。さらにはその風土の中で成長した優良企業やその技術、伝統などは代替出来ない地域の宝なのである。神戸は１８６８年の開港以来の港町文化、異国文化のおかげで、神戸ブランドが浸透し、どれだけ市民の誇り（シビック・プライド）が醸成されているかは神戸市民なら理解できるだろう。多くの人に「神戸はおしゃれですね」とか、「神戸なら住みたい」と思ってもらえる「強力な人を集めるエンジン」が備わっていたのだから。

ところが、そうした「人を集めるエンジン」も放っておくと錆びて来る。古びてきたり、時代に合わなくなってくるのは当たり前だ。温故知新とはよく言ったもので、地方自治体は先代からの街が保有する人を集めるエンジンを磨き続け、さらには次世代に向けて新しい「人を集めるエンジン」を創造していかねばならないし、そうしたエンジンを守り、生み、育てるメカニズム（自然にそれが培われていく仕組み・構造）を地域に埋め込まないといけないのである。これこそが都市の長期ビジョン策定で必須の事項であり、市民全員で共有して、親から子へ、子から孫へと語り継いでいくべきなのである。

4

10年間で10％人口増加する都市とは？

人を集めるエンジンが重要なのは理解できるが、人口減少の時代にそんなことが出来るのか？という疑問を持つ方もいるだろう。それを実現している都市が実はある。神奈川県川崎市は２００１年から２０１２年の間になんと人口が約14％増加している。福岡県福岡市も同期間で約10％増加。２０１３年7月には１５０万人都市になり、あと数年で神戸市を抜いて国内5位の都市になるだろう。福岡市はもっと過去に遡っても１９８５年から２０１３年までの28年で約30％も人口が増えている（図表３）。

神戸市の隣の兵庫県西宮市の人口増加率も19年間で24・58％増加、つまり平均して毎年１％以上人口が増えていることになるのだ。

西宮市の人口増加率は１９９５年から５年間で１１２・22％、２０００年から５年間で１０６・22％、２００５年から５年間でほぼ横ばいの人口４６５３３７人、人口増加率１００・00％で、その後２０１４年１月１日時点で４８６３５０人と再び増加し、２０１０年から２０１３年末までの人口増加率は１０４・５％、１９９５年から２０１３年の19年間で人口増加率は１２４・58％と右肩上がりに伸びている。

このように、住民は魅力のある都市、強い都市に集まっていく。人口減少時代はますます二極化が進んでいくだろう。税収が好転すれば行政の施策にも余力が

（図表3）　人口増減率の比較（2001～2012年）

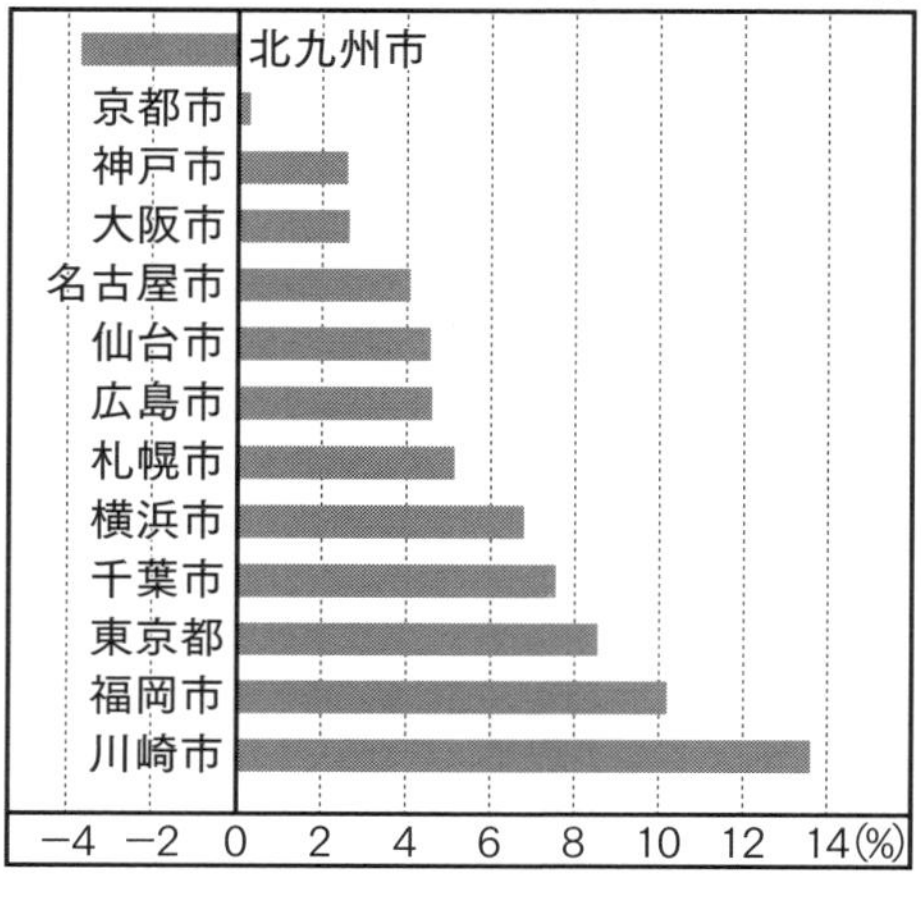

生まれ、新しい投資が可能となる。逆に財政が悪い都市は各種の行政サービスを切り詰めざるをえないので、先進的な取り組みどころか、他都市の多くが実施してから重い腰を上げて他都市並みに行政サービスのレベルを「合わせる」だけで精一杯になる。例えば、全国の公立中学校給食の導入率は82・4%。千葉県の導入率は100%。しかし兵庫県の公立中学校給食の導入率は2012年時点では53・4%だった。兵庫県の人口の3割を占める神戸市が公立中学校給食をほとんど導入していなかったからだ。これを2009年の神戸市長選挙で私が政策として訴え、2013年の2回目の神戸市長選の前に争点化を避けるように神戸市も導入が決まった。神戸市が導入を決めたことで兵庫県の公立中学校給食の導入率も77%になり、少しは全国平均に近くなる。ただ、同じ中学校給食でも学校に給食室がある自校方式や、一か所で大量に給食を作り各校に配送するセンター方式、民間企業に弁当を配達してもらうデリバリー方式などの方法論によって生徒の満足度は大きく違うし、かかる費用も全く違う。ここでも財政の厳しい地方自治体は給食導入による本来の目的達成を考えずに、あまりお金がかからない方式を導入し、「とりあえず導入した」というお茶を濁すような施策で終わることもあるので、市民は実施後の内容をしっかりチェックしなければならない。

医療費についても東京23区、さいたま市、静岡市、名古屋市、大阪市、西宮市などは中学3年生まで無料だが、神戸市は2歳まで無料で3歳からは1日800円、小学4年生からは2割負担となる。税収2300億円で2兆2000億円もの借金を抱える神戸市は財政難のため、他都市に比べて各種の行政サービスが劣ってきているのだ。これも私は2009年の神戸市長選挙で政策として掲げ、2013年も同様に掲げたら全候補が「中学3年生まで医療費無料」を横並びで政策として掲

（図表4）　県内各市の子ども医療費助成状況　2013年

対象年齢・学年	通院費無料			入院費無料		
中学３年生以下	西宮市	○明石市	○小野市	**神戸市**		
	西脇市	加東市	加西市	姫路市	尼崎市	西宮市
	相生市	赤穂市	○宍粟市	芦屋市	○三田市	伊丹市
	○たつの市	丹波市	○養父市	川西市	宝塚市	○明石市
	朝来市			三木市	○小野市	西脇市
				加東市	加西市	高砂市
				相生市	赤穂市	○宍粟市
				加古川市	○たつの市	篠山市
				丹波市	豊岡市	○養父市
				朝来市	淡路市	南あわじ市
小学６年生以下	○三田市	南あわじ市				
小学３年生以下	宝塚市	加古川市	高砂市	洲本市		
就学前	洲本市	淡路市	尼崎市			
	伊丹市	三木市	川西市			
３歳未満	**神戸市**					
	姫路市	芦屋市	篠山市			
無料化せず	豊岡市					

○は所得制限なし

げてきた。その後の結果はどうなっているかというと、「無料化を段階的に目指すステップとして、まずは1日500円負担」というのが現状だ。

学童保育についても、神戸市は時間延長が午後6時まで。西宮市は午後7時まで延長可能だ。この1時間の違いがどれだけ女性の働きやすさに変化をもたらすかは容易に想像できるだろう。働く女性が午後5時に仕事を終えて、すぐに会社を出て子どもを迎えに行くのが難しい状況であることを考えると、最低午後7時にすべきだろう。

こうした自治体間の行政サービスに違いがあることを意外と市民は知らない。それを認識して不満に思っているのは他都市から引っ越してきた世帯だけだ。こうした情報が広く知れ渡っていくと、家を買うタイミング、子どもが進学するタイミングなどで、家族ごとの引っ越しが始まる。こうした地域間格差をそのままにしておくと、前述したように西宮市の人口がますます増えて、神戸市が吸い取られていくという現象が現実に起こってくるのだ。

5　交通網が発達すると、人は地方に住むのだろうか？

では、交通網の発達は地方にとって有利に働くのだろうか？どこの地方自治体も高速道路が開通すると「これで多くの人が来てくれる」と力が入る。果たして、そうか？

今、東京―大阪は新幹線で2時間半だが、リニア新幹線が開通し1時間で東京―大阪が行き来できるようになっても、東京に住んでいる人は大阪に引っ越さないだろう。もちろん大阪に遊びに行くチャンスは増えるかもしれないが、1時間圏内で行けるエリアの中で最も行きたいと思ってもらえる魅力あるコンテンツがないと選んでもらえない。幸いユニバーサル・スタジオ・ジャパン（USJ）が好調なので、ディズニーランドに飽きた家族連れがこぞって大阪に来る可能性はある。

では神戸まで足を延ばしてもらえるか？残念ながら今の神戸は選択肢としては順番がもっと後だろう。おそらく先に京都や奈良に行くのではないだろうか。もしくは外国人観光客が行ってみたい観光地人気ランキング上位に位置する原爆ドームと宮島がある広島に行ってしまうかもしれない。

一方で、大阪の人だけでなく、神戸の人も京都の人も東京に行く回数が増えるに違いない。ビジネス需要はもちろん、世界でも有数の刺激を提供する魅力あるコンテンツに事欠かない。特に若者には自然を有する田舎・地方より、断然都会に吸い寄せられると思われる。

このように、交通網の発達は人を集めるチャンスではあるが、人を吸い取られるピンチでもあるのだ。水は低きに流れるではないが、人は強い魅力に流れる。道路網などのハード整備にばかり注力していると、完成後にはどんどん人が流出するばかりで、地元に落とすお金が激減するリスクも高い。道路などのハードインフラ整備が完成するまでに、アクセスできる地域を上回る魅力あるコンテンツ(地域資源)整備を先にしておかないといけないということを声を大にして言いたい。それがすなわち、人が集まるエンジンの再生なのである。そして、この魅力とは遊学働の魅力、衣食住の魅力、真善美の魅力、生きることにおいての魅力、ベターライフを想像させる魅力のことなのだ。

6 インターネットの普及は地方にとって、吉と出るか凶と出るか？

楽天市場によって、地方の中小商店が成長していくサクセスストーリーをたくさん見てきた。代表的なのは北海道のカニやアイスだ。これまでは知られていなかったために、地元客と観光客だけが商売相手で売上が上がらなかった。しかし銀座の百貨店に出店する知名度も財力も無い。それが楽天市場の集客力により、多くのユーザーに知られ、本来の商品力で勝負が出来て、消費者の口コミを含めた宣伝により、地方にいながらにして急成長を遂げているという例だ。これまでは地方に来てくれた人だけがお客様の数だったわけだが、今や全国1億2000万人のお客様を相手に「北海道の田舎」に店を構えながら商売ができる。広島県の大崎下島にある瀬戸田レモンを使ったジェラートもそうだろう。楽天市場のジェラート部門で9年連続日本一を獲得している。こうした全国の生活者を相手に商売ができるのは言わば、「ネット上の銀座」に出店しているようなもの。その一方で本当の工場や店舗は地方にあるので、地代家賃や人件費など経営コストは東京に会社を移転するより圧倒的に安いから、利益率は上がるはず。私が親しくしている神戸市長田区のケミカル靴工場も同様だ。阪神・淡路大震災後に倒産しかけたそうだが、ネット販売にシフトし、やはり楽天シューズランキングで全国一位を獲得している。神戸の靴産業はかつて全国シェア4割を占める優良産業だったが、今や産業規模も雇用もピーク時の6割減という厳しい状態。しかし経営者の柔軟な発想と時代を捉えるセンスで見事に息を吹き返した例である。

このように、インターネットの普及は、多くの中小企業に「一等地に土地を持たずとも」ビッグビジネスが出来る可能性を提供した。いや中小企業だけでなく一個人にもビジネスチャンスを提供したと言えるだろう。アフィリエイトで年間1億円以上稼ぐ主婦が出現し、文章や映像が熱烈な支持を集め一躍スターになる人物も現れている。

しかし、そんなインターネットだが、良いことばかりではない。

都心の人からすれば「わざわざそこまで行かなくても手に入る」が実現したが、逆に「それを食べたいがために（欲しいがために）、そこに行く」という動機は明らかに減少したからだ。移動が可能なモノ（物産や食品）はネットにかなりのシェアを奪われ、本当に行かなくては手に入らないもの、例えば景観、人との触れ合い、体験などをするために地方に行くだけだ。つまりは観光産業の主力アイテムである食の希少性を低減させてしまったのである。もちろん今でも「食」は観光の大きな要素であるし、現地で食べるからこそ美味しいものもたくさんある。ただそれだけで誘客するのは難しくなってきているので、観光客の総量を以前ほど作れなくなってくる。だからこそもう一度地域を見つめ直し、来てもらわなければいけない魅力は何か、他に負けない地域固有の価値は何かをつき詰めていく必要があるのだ。

7　地方にチャンスはあるか？

以上のように、街の魅力、集積度においても東京一極集中はますます加速する可能性が高い。２０２０年のオリンピック招致成功で、更に４０００億円とも７０００億円超とも言われる予算が東京周辺に投下され、街の再整備がこれから進んでいくのである。だからこそ地方自治体の首長の力量、つまり都市経営手腕がますます問われてくる。地方自治体で全国トップクラスで視察が多いと言われる佐賀県武雄市の樋渡啓祐・前市長が良い例だ。人口5万人の街で、図書館の民営化、学校の公設民営、タブレット端末を小学生全員に配布した反転授業のスタート、市役所のホームページをフェイスブックに置き換え、地元特産のｅコマースまで始めて、マスコミの話題をさらった。ＴＳＵＴＡＹＡと組んだ図書館は年間１００万人の利用者を集め、北海道旭川市の旭山動物園、石川県金沢市の21世紀美術館と連携して、１００万人施設トリオを形成している。法律が変わらなくても現行法の範囲内で市長（首長）の予算と権限の使い方で成果を残すことが出来る好例だろう。

社会背景としても、高齢化が進む＝大都会を住みづらいと思う人々が増えてくる。あくせく働いてきた人生を見直し、残りの人生を自然に囲まれて、地域の人とふれあい、少しスピードを落とした「豊かな生活」を志向する人も増えるに違いない。また、育ててもらった地元への恩返しなど地域貢献に生きがいを見出すこともあるだろう。

こうした層を東京から呼び戻し、体内に蓄積した何か（進化した遺伝子）を地元のために提供してもらいたい。良い人材の集積は一朝一夕には進まないが、ある人材をきっかけに次の人材が呼び寄せられ、さらにまた次の人材が続くという連鎖が起きる。神戸市も参加しているユネスコ認定の創造都市ネットワークの元となるリチャード・フロリダ研究発表のクリエイティブ・シティの「3つのT」「Talent（才能）」「Tolerance（寛容性）」「Technology（技術）」がクリエイティブな人材を集めるために必要な要素だという。才能ある人材を集めるには、街自身の寛容性とその人たちを惹きつける新しいテクノロジーを街の仕掛けとして埋め込んでいけば、地方にもまだまだチャンスは生まれるのだ。

8　住む人を集める6つの施策

ここまで述べてきたように、都市の財政を立て直し、活気を取り戻すためには「住む人を増やす」ことが重要であり、そのための「街のエンジン」を再生しなければならない。住・遊・学・働の観点から「この街に、生まれ、育ち、住み、働いて、本当に良かった」と思える環境作りをしていくことに尽きると思う。

1つめは、他都市以上の住民福祉の充実を実現し、広域エリアの中で一番住みやすい街、ベッドタウンとして最高の街を目指すことだ。地方都市は自然環境、住環境は東京に比べてはるかに優れているのは間違いないので、行政サービスで見劣りしないようにしなければならない。行政サービスを先に充実させていくので費用は先出しになるが、中長期で人口が増える、もしくは減らない状態が維持できれば必ず市民に満足してもらえるようになってくるはず。つまり、損して得とれ、ということ。

2つめは、街のブランド作りである。少しぐらいの行政サービスの差なら住んでいて誇りを持てる都市に住みたいのは誰でも一緒。東京なら田園調布、麻布、白金、青山、神奈川県なら鎌倉などはステイタスが高いだろうし、関西なら芦屋は誰でも知っているだろう。もちろん神戸のブランドもハイレベルな位置にあると思うが、残念ながら少し錆びて来ている。こうした都市ブランドをどう築きあげ、どう維持するかも行政の重要な役割ではないだろうか。著名人が住んでいる、市民がその街に住んでいることを誇りに思う、シビック・プライドの醸成とともに、これからますます注目されるテーマだと思われる。

3つめは、地元企業の雇用増加である。兵庫県がパナソニックのプラズマ工場を尼崎市に95億円もかけて企業誘致したが、業績がふるわず2年で撤退。この誘致費用の返還義務の有る無しで裁判になっていたのは記憶に新しいところだ。企業判断としては業績がついてこなければ撤退は仕方ないところだから、お金で企業を引っ張ってくるような企業誘致はオススメしない。やはり地元に根を張った企業の成長環境をつくり、そこを後押しするのが優先順位として高いだろう。神戸の事業所数は2012年に6万7000。総従業員数は約70万人。この6万7000の事業所が成長し、従業員を1人ずつ増やせば6万7000人の雇用が生まれる。やはり地場の産業や企業を大切にしないといけないのだ。

4つめは、進学時の青田買いだ。引っ越しをするタイミングは進学と就職が特に多いが、進学時に学びの場として選んでもらい、街の良さを体感してもらい、人とのつながりが濃くなれば自ずと学校があった地域で就職する確率が高くなる。学生時代に恋愛して、そのまま結婚すればその地に定住する可能性も高まるだろう。地方自治体によってはUターン、Iターンの促進に力を入れているところもあるが、一旦働き始めれば勤務地、すなわち居住地の決定は企業の意思決定に委ねられる。また家族が出来れば、配偶者の意見、教育環境など自分の意思だけで決められる範囲が狭まるのは間違いない。UターンやIターンは今働いている企業を退職して、地元に帰るという「かなり大きなリスクを伴った決断」が必要なのである。だから地方自治体が力を入れるべきは進学時に来てもらうこと。そのためにも「進学したい」「学びたい」と思ってもらえる魅力ある教育機関を整備することが最も重要だろう。

5つめは、起業促進。良い教育機関があっても働き口が無いと街の外に出ていってしまう。結局、地方から東京に就職してしまうのだ。3つめの施策として「地元企業の雇用増加」を上げたが、この施策の成果が現れるまで学生の流出超過を止めるのは学生自らの起業だ。良い働き口が無ければ自分で創ればいいのだ。アメリカでは優秀な学生ほど就職せずに起業しているという。シリコンバレーにはスタンフォード大学出身の起業家が大勢いる。あのヤフーやグーグル、ナイキやヒューレット・パッカードもそうだ。

日本でも2000年頃のITブーム時、慶応義塾大学の湘南藤沢キャンパス（SFC）出身者が続々と起業し、株式公開していく姿を私は間近で見ていた。それを目の当たりにした後輩たちはすぐ上の先輩たちが起業し、大成功する様を見て、その後を追っていったのだ。ところが地方にはそういう空気はほとんどない。身近なモデルケースが見当たらないから、名の知れた大企業志向が延々と続いている。

地方都市の方が東京に比べて家賃や人件費など起業のためのコストは圧倒的に安い。学生時代なら倒産してもやり直しがきく。本当にダメなら就職すればいいのだ。起業経験は就職試験でも異彩を放ち、事業家精神を持った優秀なビジネスマンになるだろう。そういう思いで母校・神戸大学で起業家精神育成ゼミを立ち上げた。嬉しいことに同じ神戸大学出身の経営者仲間が賛同してくれて15名の経営者でこのゼミを運営している。神戸大学の卒業生もご多分にもれず金融、商社、メーカーと日本を代表する企業に就職していくケースがほとんどだが、昨年の起業家精神育成ゼミの卒業生4名は、ひとりは通信大手の大企業、一人はサイバーエージェント、ひとりは優良企業の内定を蹴ってベンチャーに、そして紅一点の女性はいきなり起業した。2015年で5期目となるが、これまで起業したのは

2名。彼らの背中を見てこれからも起業するゼミ生が増えていくだろう。何十年か後に、神戸大学の大先輩である「海賊と呼ばれた男」出光佐三氏のような日本を動かす経営者を輩出するのが私の夢でもある。

6つめは、企業誘致。企業誘致する場合は前述したように、地元雇用を増やす産業の誘致に力を入れるべきだ。労働集約的な産業や労働分配率の高い産業の方がより効果は高いだろう。例えば、加工メーカーだと100億円の仕事をしても、100億円のうち材料原価に多くのお金が消え、売上に対する人件費のコストは3%＝3億円くらいしかない。平均年収300万円で100人、年収600万円だと50人分しか給与を支払えない。その原材料も海外から輸入したものだと日本にすらお金は残らないのだ。一方、労働集約的産業、例えばシステム開発会社に100億円発注すると、内部人材で開発すれば、ほぼ60億円がエンジニアなどへの開発人件費に使われる。年収300万円だと2000人分、年収600万円でも1000人分の給与が賄えるのだ。このほかにも、看護師、介護士、保育士、教育現場の先生、旅館やホテル、店舗などサービス産業の接客業、広告や文化芸能の人材が活躍する場を大きくすることも地元雇用を増やしていくだろう。高付加価値人材の「知恵」で儲ける産業育成が鍵なのだ。

9 映画のキャスティングと企業誘致の類似性

私が経営していたＩＭＪエンタテインメント（現Ｃ＆Ｉエンタテインメント）が制作した「るろうに剣心」が大ヒットした。興行収入は40億円を超えたが、40億円超えは「ＮＡＮＡ」以来だ。

さて、この大ヒットの要因は幾つもあるが、佐藤健と武井咲が主演してくれたのは間違いなく大きな要因。やはり映画も旬な超人気者に出演してもらいたいのはどこの映画会社も同じだ。ところが、「出演して欲しい」と「出演してもらえる」の間には大きな壁がある。

仕事が無い役者ならともかく、超売れっ子役者にとっては「出演する意味・メリット」がないと出てくれないわけだ。それは、監督だったり、シナリオだったり、宣伝効果だったり。もちろんギャラということもあるが、映画一本の相場にそんなに大きな差は出ない。

一方、地方自治体の企業誘致。経済活性化のために、「企業誘致」を掲げる自治体は非常に多い。特効薬のように、「企業誘致をして・・・」と叫ぶ政治家もかなりいる。おそらく全国47都道府県、1800市町が日々、誘致の努力をしているだろう。だから「企業誘致したい」だけでは来てくれない。企業がその都市に行きたいと思うメリット・魅力を作らないといけないのである。

その魅力を作れない地域はお金で誘致しようとする。三重県のシャープ亀山工場は135億円の補助金が投じられた。兵庫県はパナソニックのプラズマパネル3工場を誘致するのに、145億円の補助が予定され、これまでに95億円が交付されたが、テレビ事業の採算悪化で2012年秋に2工場の生産停止が決定。稼働から約2~6年と短かったので、兵庫県は「当初想定した経済効果に見合わない」と一部返還請求をし、誘致補助金34億2000万円が返還されたが、残りの約60億円は返ってきていないので、補助金に見合う効果があったかどうかは疑問が残るところだ。

企業誘致を進めるには、法人税制の軽減や人材確保のしやすさ（優秀な学生が多くいる＝良い大学が数多くある）、誘致する企業・産業のバリューチェーンに適するような産業連関が存在、そして消費者の数が多い（＝住む人や来る人が多い）などの魅力を地道に整備していかなければならない。昔、神戸に外資系企業が多かったのは、物流の港があり、外国人子女が通う教育機関が充実しており、自然に囲まれた豊かな生活環境があるなど、他都市に比べて外資系企業が本社を置きたい優位性を保っていたのだと思う。

その土地の持つ強みを分析し、誘致ターゲットとなる企業・産業を設定し、企業側が来たくなるような都市政策を推進していくべきであり、決してお金で強引に誘致するような関係だけに終わらないようにしたいものだ。金の切れ目は縁の切れ目、企業は経済合理性で進出・撤退をするものなのだから。

10 来る人を集める

前項で「住む人」について書いたが、今度は「来る人」について説明したい。

ビジネスや観光など「来る人」の数は街の活力に大きな影響を与える。街が人を「呼び込む力」とも言えるが、この力が衰えてくると負のサイクルに入っていってしまう。悲しいことにインターネット業界と同様、集まるところにはどんどん集まり、減少するところからはどんどん減るという、一極集中型なのだ。まさしく「人と情報とお金は寂しがりなので、集まるところにどんどん集まる」ということだ。

では、身近なところで実際に数字を比べてみよう。大阪市の昼間流入人口は約１２４万人、昼間流出人口は25万人で、差引99万人が増えている。名古屋市の昼間流入人口は約51万人、昼間流出人口は19万人で、

（図表5）　都市別流入人口

他都市の人口　（人）

	大阪市	東京都区部	札幌市	仙台市	新潟市	さいたま市	千葉市	川崎市	横浜市
夜間人口(*) a	2,628,811 2,594,686	8,489,653 8,351,955	1,880,863 1,877,965	1,025,098 1,020,160	785,134 781,638	1,176,314 1,172,677	924,319 919,550	1,327,011 1,326,152	3,579,628 3,545,447
昼間流入人口 b	1,239,051	3,354,289	85,032	132,564	53,403	214,707	175,293	229,432	399,345
昼間流出人口 c	252,062	421,545	69,051	53,743	34,412	309,746	200,816	401,148	739,648
昼間人口 d=a+b−c	3,581,675	11,284,699	1,893,946	1,098,981	800,629	1,077,638	894,027	1,154,436	3,205,144
昼夜間人口比率 d/a	1.38	1.35	1.01	1.08	1.02	0.92	0.97	0.87	0.90

	静岡市	浜松市	名古屋市	京都市	堺市	神戸市	広島市	北九州市	福岡市
夜間人口(*) a	700,886 700,575	804,032 800,997	2,215,062 2,193,973	1,474,811 1,460,688	830,966 825,638	1,525,393 1,520,551	1,154,391 1,144,498	993,525 992,654	1,401,279 1,384,925
昼間流入人口 b	54,675	46,674	516,793	240,589	122,110	207,498	94,329	78,115	262,548
昼間流出人口 c	28,040	41,301	194,570	118,297	176,168	180,078	64,426	50,322	76,289
昼間人口 d=a+b−c	727,210	806,370	2,516,196	1,582,980	771,580	1,547,971	1,174,401	1,020,447	1,571,184
昼夜間人口比率 d/a	1.04	1.01	1.15	1.08	0.93	1.02	1.03	1.03	1.13

(*)夜間人口の下段(a)は、昼間人口、昼間増加率、昼間流入率の算出基礎となる常住人口で、年齢不詳の者を除いた人口
資料：平成17年国勢調査

差引32万人が増えている。京都市の昼間流入人口は約24万人、昼間流出人口は11万人で、差引13万人が増えている。では神戸市はどうだろう？神戸市の昼間流入人口は約21万人、昼間流出人口は18万人で、差引3万人しか増えていない。（図表5）。なんと神戸市の昼間流入人口は大阪市の33分の1以下なのだ。これでは活気が出るわけがない。市場がこのまま伸びずにビジネスの発展が見込めないなら大阪へ逃げる企業も増えるだろう。こうした人を呼びこむ街の力の再生こそが一番重要な地域の再生なのだ。もちろん長期的には住む人を増やしたいのだが、そのためには少し時間がかかる。子育てしやすい街、教育環境が優れている街、安心・安全な街、暮らしやすい街としての機能を充実させていきながら、41ページで書いたような6つの施策で徐々に住む人を増やすしかない。だから手を打つ順序としては、「来る人を増やす」ために、「遊びに来る、学びに来る、働きに来る」の「遊学働」の施策強化をしていき、街を知ってもらう、体感してもらうことが重要だ。大学で進学して街を気に入りそのままそこに住み着く人はかなりいる。デートで行って、観光に行って、街を好きになることも多々ある。全く知らない土地や街にいきなり住み着く確率は低い。デパ地下の試食、洋服を買う時の試着と同じように、デートや観光に街のアンテナショップ機能を担わせて、まず一回訪れてもらう機会を作っていかなければならない。

また、面白い人材は面白い人材を集める。優秀な人材の集積が出来るわけだ。これは一朝一夕に変えられないが、起点となる人を呼び込み、その輪を大きくしながら人が人を呼ぶ、類は友を呼ぶのサイクルを戦略的に形成していく施策を長期的に続けることが大切だろう。最初は短期滞在の外国人助っ人で構わない。ここでいう外国人助っ人とは私が広島県から仕事の依頼を受け、広島に拠点を持ったりするような形だ。何らかのきっかけをつくり、呼び寄せ、人の流れをつくるのだ。

11 ミッション・ビジョン・バリューを再考する

街を甦らせるエンジンは、昔も今も「人の集積」であることに異論はないと思う。そのエンジンを構築するためにはどうすればよいのか?

ひとつのモデルとして注目されているアメリカ・オレゴン州のポートランド市

は市長を中心に40年先までのビジョンを設定して、それに向かって市民が協働していると聞く。つまり目の前の問題をどう処理するかという現場対応の行政ではなく、長期的視点に基づき、どういう街にしていくのか、そのためには何から手をつけ、何を我慢し、どういうプロセスを踏んでいくのかを市民と共有しながら街づくりを進めていかなければならない。そのように考えると、そもそもの目的や生業は違うものの、企業がその組織を継続的に成長させ、社会的使命を果たしていくために構築するミッション・ビジョン・バリューを都市経営においても整理し直す必要があると思われる。

企業では、ミッション⇒使命、目的、役割、存在意義など、ビジョン⇒目標、夢、志、方向性など、バリュー⇒価値観、あり方、姿勢など、各企業によって少しずつニュアンスの違いがあるが、それを都市経営に置き換えると

●ミッション（街の担うべき役割、存在意義）
●ビジョン（街の目指す方向）
●バリュー（街の魅力、価値観）

と言える。

こうしたその都市が大切にする価値観や目指すべき方向を地域住民と話し合い、決して現世利益だけではなく、未来の子どもたちのこともしっかり考え（よく政治家は子どもにツケを残さない！と言うが）、設定していく必要がある。そして、そのミッション・ビジョン・バリューのもと、それを実現していくための政策・事業を行っていくのだ。そうすると長期戦略を立案することが可能になる。市民からのクレームが多いからとか、選挙に有利に働くとか、目先の課題解決や利権誘導をしようとすると、ミッション・ビジョン・バリューとの整合性が合わなくなってくるので、市民から見てもその政策が正しいかどうか、適切かどうか判断しやすくなるわけだ。もちろん現在も行政機関は10年の長期計画を立案している。ただこの長期計画の問題点はビジョンが抽象的だったり、他のどこの地域でも使えそうな内容だったり、目標設定の根拠が希薄だったり、その地域の課題解決とリンクしていなかったりするケースが多い。各都市によって資源が違う、人が違う、歴史が違うので、向かうべきビジョンや取るべき戦略は全く違うはず。だから同じ課題設定、解決策になるはずがないのだ。政策目標と行程を明確にしたマニフェストはとても重要だと私は思うが、それはあくまで都市のミッション・

ビジョン・バリューに基づいた明確な長期戦略があり、それを実現していくマニフェストだからこそ意味がある。そもそもの都市ビジョンが無い中での「現状課題解決マニフェスト」に意味があるとは思えない。ミッションは長期に渡ってあまり変わらないが、ビジョンやバリューは都市の長年の進化または衰退によって変化していく。だからマニフェストもそれに合せて柔軟に変えていかねばならない。最近の事例でいうと、東日本大震災がある前と後では東北地方のビジョンやバリューは大きく変化したし、課題の優先順位も大きく変わったはず。あそこまで大きな社会環境の変化は滅多にないが、日々変わる社会状況の中で、マニフェストに縛られ過ぎずに長期の視点で街を経営していくことが重要なのである。

12　マーケティングの4Cによる都市戦略

次に、都市のミッション・ビジョン・バリューが構築された段階で考えるべき事はマーケティングの４Cである。４Cとは、Circumstances（社会環境）、

Consumer（消費者・生活者）、Company（自社）、Competitor（競合）の４つのこと。都市の長期的な目標やグランドデザインを達成するうえで、それを左右する要因となる４Ｃを理解しておかないと良い都市戦略は立てられない。２００９年の神戸市長選後に私が「選挙はマーケティング」とインタビューで答えたことがあるが、マーケティングの意味を「単なる商品の宣伝」のように誤解していた方がいて、「選挙とマーケティングを一緒にするとはいかがなものか」と非難されたが、私が使うマーケティングとは本来の意味である。

本来のマーケティングとは、企業や非営利組織が行うあらゆる活動のうち、「顧客が真に求める商品やサービスを作り、情報を届け、顧客がその商品を効果的に得られるようにする活動」の全てを表す概念である。本来は、商品・サービスそのものの企画・開発・設計やブランディングから、市場調査・分析、価格設定、広告・宣伝・広報、販売促進、流通、マーチャンダイジング、店舗・施設の設計・設置、営業、集客、接客、顧客の情報管理等に至る広い範囲の活動を指している。地方自治体に置き換えると、「住民が真に求める政策や住民サービスを作り、その情報を届け、住民がその施策やサービスを効果的に得られるようにする活動」

と言えるだろう。

ところが、一般的にビジネスの現場やマスメディアにおいては、広告・宣伝、集客や販促活動のみをマーケティングと捉える傾向が強くなっている。これは本来のマーケティングの意味からすれば誤解である。この誤解が生まれたのは、マーケティングという言葉・概念の普及過程において、企業の宣伝担当部門などがマーケティング部と名乗ることが多かったため、その部門の担当業務がマーケティング全体を指していると誤って捉えられたからだと思われる。

私も広島県庁の仕事に就いた時、「広報総括監」という役職の名刺を渡すと、広島県庁の広報･宣伝の責任者だと思われた。もちろんそれは間違っていないが、広報課メンバーには一歩踏み込んで施策に関与することを要望し、部局を横断し、事業の成果を最大化させるために何が出来るかを追求してきた。そして地方自治体の現場には、そうした真のマーケティング機能が必要不可欠であるという強い想いから、2年目は「ＣＭＯ（チーフ・マーケティング・オフィサー）」として仕事をさせてもらったのだ。

さて、４つのＣの１つめの「社会環境」とは、この日本を覆う社会要因やトレンド、社会条件のこと。よく言われる少子超高齢化や人口減少、東京一極集中、世界的に注目されたCO2削減、自然エネルギー、日本においてはもちろん原発問題、近隣諸国との緊張関係、昨今では円安株高なども含まれる。さらには自殺者が1年間で3万人もいることや、待機児童問題、外国人観光客1100万人突破や、東京オリンピック招へいの決定なども重要事項だ。こうした要因は日本のどの地域にも影響してくるのでとても重要だが、注意しないといけないのは、こうした社会要因を捉えて全国一律の政策や解決策を用いようとするところだ。

2つめのC、消費者・生活者だが、このCから地域間格差が出てくる。東京と地方では住宅環境や高齢化や過疎化のスピードが違う。可処分所得も違えば、可処分時間も違う。要するに求めるものが全く違っているのだ。東京の人は自然やのんびりした時間を求めて旅行をしたり、会社やマンションに人工的に自然を造ったりしているが、地方の人は自然はいたるところにあり、いわば日常だ。旅行に行くなら刺激と情報を求めて東京など大都市に行きたいのである。特に若い世代はそうした流行ものに憧れる気持ちを抑えるのも難しいだろう。家のサイズも違う。一戸建てが多く、ご近所さんとの付き合いが当たり前の地方に比べて、マンションが多い東京では「隣は何をする人ぞ」の関係が主では問題解決の方法論が違うのは当たり前と言えるだろう。

３つめのＣは自社、つまり自分の地域の特徴のこと。どういう歴史でその街は成り立ってきたのか（この歴史については次項で詳しく述べたいと思う）、産業は何が強く、どういう人材が多いのか、街に住む人の気性はどんな感じで、どういうことを価値観として大切にしているのか、特産物は何で、人口構成はどうなっているか、女性の就業率や教育機関の充実度、地方自治体の各種制度はどこまで整備されていて、市債や県債残高はどれだけあるのか（神戸市なら2兆２０００億円の借金）、過去にその地域を大きく変えるような出来事は無かったか（神戸市なら１８６８年の開港や、１９８１年のポートピア博の開催による株式会社神戸市と呼ばれた時代、そして１９９５年の阪神・淡路大震災など）、こうした地域特有の事情を加味していかねばならないということである。

４つめのＣは競合地域の状況である。都市間競争という言葉があるが、別に都市と都市は競争するわけでもないし、競争する必要もないのかもしれないが、市民には選ぶ権利があり、知らず知らずのうちに比較して良い方を選んでいるというのが事実である。例えば、神戸の場合、近くの大阪の影響をもろに受ける。グランフロント大阪のような駅前大開発が行われ、数々の行政改革で話題をさらわれると、多くの人が大阪に集まっていく。ユニバーサル・スタジオ・ジャパンの人気でますます大阪の集客エンジンは高まるばかりだ。

さらに、神戸市の隣に位置する兵庫県西宮市は、住民サービスに力を入れ、人口増加率が高い。文教住宅都市を宣言し、待機児童はゼロ、中学3年生までの医療費無料化の実現、学童保育も19時まで延長可。関西学院大学を擁し、西宮ガーデンズという商業施設も成功し、神戸へも大阪へも電車で15分の立地となれば、関西圏のベッドタウンとしてかなりの競合優位性を持つと言えるだろう。

このように、どれだけ自分の街が頑張って政策を実施していっても、近隣都市との比較の中で優位性を発揮できなければ人は集まらないということなのである。つまりは相対的な中での競合優位性を獲得していかねば都市は沈んでいくということなのだ。この4つのCを分析し、自分の地域のビジョンに照らし合せて、「では、足元の動きとしてどうして行くか?」「何から始めていくか」という政策・事業をとりまとめていく必要がある。

13 歴史の遺伝子を大切にする

前項でも少し触れたが街には固有の歴史がある。それも歴史の必然と言えることもあれば偶発的な自然の流れのものもあるだろう。いずれにせよ私たちはその歴史の影響を受けて、その土地に生まれ、育つ。意識するしないにかかわらず、その土地を覆う価値観や風習、固定観念に基づいて性格形成されている。

ミュージシャンの子どもはミュージシャンに、医者の子どもは医者に、経営者の子どもは経営者になる、いわゆる蛙の子は蛙というのは、幼少期からそういう環境（情報、人間関係、教育など）に囲まれているからこそ、素養が身につくのは当たり前とも言える。都市も同じで、その土地の歴史にはそうなるべくして生まれた遺伝子が存在する。それを無視してその都市が発展するわけがない。新しいものばかりに目を向けずに、もう一度歴史を作ってきたその土地の遺伝子が何かを分析することからスタートするべきなのだ。

14 I Have a Dream

アフリカ系アメリカ人公民権運動の指導者として活動したキング牧師の有名なスピーチ「I Have a Dream」（私には夢がある）。人種差別の撤廃と各人種の協和という高邁な理想を訴え広く共感を呼んだ。

司馬遼太郎の小説「坂の上の雲」は、封建の世から目覚めたばかりの日本が、登って行けばやがてはそこに手が届くと思い努力を重ねる姿が描かれている。近代国家や列強というものを「坂の上の雲」に例えた題名である。作品のイデオロギー論はともかく、「坂の上の雲」には、日本をもっと強い国にするのだという志とともに若き志士たちが上を向いて歩いていた時代の空気を感じることが出来る。

高度成長期の日本も「アメリカに追いつき、追い越せ」をスローガンに、一丸となって頑張っていたはず。その時代は国民の多くに幸福感があったのではないだろうか。実際には生活レベルや福祉の充実、街の公共インフラ、サービスともに現在の方が格段に上だと思うが、心の満足度は今の方が上だと私は言い切れない気がする。人は絶対値による満足感よりも、相対的な優越感や、昨日より今日、今日より明日はもっと良くなるという「前進感」により幸福を感じると思うのだ。行政トップの想いはみな同じ。どの首長も「市民満足度№1の都市」を目指している。ただ、その満足因子に夢と希望や坂の上の雲を目指す気持ち、誰かに満たしてもらうのではなく、当事者として一緒になって高みを目指している感覚が必要なのだ。このように、市民に希望の光を提示し、みんなが当事者意識を持ってそれに向かって走る、そんな地域づくりが求められており、それこそが都市のビジョンなのだ。そして、その過程において本当のシビック・プライド（市民の誇り）が生まれてくるのだと思う。

第三章

少子高齢化社会の新しい都市モデル

100人÷100人のライブハウス＝活気
100人÷1000人のコンサートホール＝沈滞

1 生産年齢人口の増加を考える

■シニアが働きやすい環境づくりも成長戦略

前章まで、都市ビジョンを構築するうえで何が重要なのかを整理してきたわけだが、本章からは具体的に何を実施し、どう変えていくのかについて言及していきたいと思う。そして「こんな街にしたい」というビジョンやグランドデザインを設定するための背景、考え方、共有したい価値観についても述べたいと思う。

まず、経済の成長戦略として語られている生産年齢人口。大きなトレンドとして人口減少時代に入り、高齢化が進む中、稼ぐ人をどう増やし、経済を維持するかは緊急課題とも言える。国をあげて「女性が働きやすい環境づくり」を推進し、生産年齢人口の減少を女性の就業率アップで補おうとしている。実際、神戸市の有業率は男性が65・2％、女性が43・2％（いずれも2012年調べ）で、男女間で22ポイントの差がある。私も女性の就業率アップには賛成である。家計収入が増えると子どもの数が増えるというデータもあり、少子化対策という観点からも「女性が働きやすい環境づくり」は重要だとは思うが、子育てをしながらの仕事は精神的・肉体的にも大変であり、保育所の整備などハード環境を整えるのにまだ時間もかかりそうだ。さらに、「働きたい女性」が働きやすい環境をつくるのは大賛成だが、無理に働いてもらうのが良いわけではない。女性のライフデザインに関する価値観は多様なので、「どんどん働け！」的な推進は正しいとは言えないだろう。そうした女性個々の考え方などを考慮しながら「働きたい女性が働きやすい環境づくり」を進めていくとすると、女性の就業率が劇的に上昇するのは難しいのではないだろうか。

ところで、私は神戸市在住の60歳以上の方だけを取材対象にした「裕ちゃんを探せ！」というフリーペーパーの編集企画を２０１０年から5年間続けてきた。毎号取材をして感じたのは、この世代の元気さだ。お年寄りとかシニアという言葉は全く似合わない。仕事に趣味に地域活動にと本当にイキイキされている。読者ハガキには「いつも読んで元気をもらっている」という裕ちゃん世代からの感想だけではなく、40代50代の方からも「自分も健康や生きがいについてしっかり考えて行動しないと、誌面に掲載されている方のようにカッコいい60代になれないので、今から頑張ります！」というお便りをいただく。特に神戸市はかつて株式会社神戸市と言われ、地方自治体のモデルとなっていた黄金時代があり、港町文化を体現したハイカラな異国情緒あふれる文化を形成した方々が60歳以上にたくさんいるので、おしゃれで粋な方が本当に多い。もちろん高度成長期の日本を支えてきた人材であるから、知識・経験ともに申し分ない。

ところが、神戸市の65歳以上の方々の有業率は、65歳~69歳の男性が46％、女性が23・5％、70歳~74歳の男性が24・2％、女性が14・8％、75歳以上だと男性が9・2％、女性が3・2％だ。65歳以上の方々は神戸市に35万4000人以上（市の人口全体の約23％）おり、今後も毎年増えていくわけである。そしてこの有業率は日本全国をみても同じような傾向だろう。

そう考えると、子育てが終わり、仕事の知識、経験ともに有する「シニアが働きやすい環境づくり」を積極的に支援する方がより速効性があり、実効性も高いように思う。また仕事を持つことによる社会参加で、人との接点が増え、健康作りにも一役買うのは間違いない。年間30兆円に迫る医療・介護費の削減につながる可能性もあるだろう。もちろん、かつてのような企業戦士になる必要はない。

一部には定年を75歳にしてはどうかという提案もあるが、それはやり過ぎだろう。もう充分過ぎるくらい働いてこられたし、それどころか家庭を顧みずに働き続けた方も多い世代だ。「働きたいシニア」が「働きたい分量」だけ、「いつでも働ける環境と機会」をつくり、ワークシェアしながら、地域貢献にも寄与していただき、新しい地域社会づくりに力を貸してもらうのが良いのではないだろうか。昨今の「非正規雇用ばかり増えていて、正規雇用が増えていない」という議論も、シニアを対象に考えると正規雇用を推し進める必要は無い。逆に時間拘束が長い正規雇用より、非正規雇用で自由な時間が多い方を望まれるのではないだろうか。一般論で語れば「正規雇用＞非正規雇用」だが、対象を具体的に考えると正解が逆転することも出てくるのである。

■NPO20倍計画で地方はもっと元気になる！

日本のＮＰＯは「Non Profit Organization」という名称がついたために、ボランティアの延長と捉えられるケースが多く、下手をするとコスト削減の手段のように考えている地方自治体もある。

そもそも企業とNPOの違いは収益を株主に還元するか、次の社会貢献に使うかという点であり、アメリカのNPOは民間企業のような給与を支払っている。NPOセクター全体ではアメリカのGNPの7%、雇用の11%を占めるほどの存在で、個人寄付だけでも年間13兆円余、加えて10兆円を超える資金が政府からの補助金で流れ込んでいるとのこと。

私は、高齢化社会を迎える日本の地域社会の在り方としてNPOセクターの充実は欠かせないと考えている。そしてそのNPOを支えてもらいたいのが前項で書いた一番のボリュームゾーンとなる60歳以上の世代だ。シニアが働きやすい環境をつくり、生産年齢人口を増加させるのは日本全体の成長戦略とも言える。また、営利企業セクターと行政セクターを繋ぐ存在として定年退職された方々の力の発揮場所や、地域貢献の場となり、次世代育成の器にもなる。

例えば、現在の神戸ならNPO全体の総収入は約100億円。神戸全体のGDPは約7兆円だから、NPOのシェアは約0・14%。アメリカ並の7%とは言わないが、せめて今の20倍強のシェア約3%＝2000億円くらいの仕事量をNPOセクターに担ってもらい、神戸の地域作りをしていくべきだ。そうすると、そこにはシニアの方々がやりがいを持って元気に働き、これまでの知恵と経験を活かした新しい神戸の姿が見えてくる。日本全体で考えるとＧＤＰ５００兆円の３％＝15兆円まで一気に行くのは難しいとしても、まずは１％＝５兆円程度のセクターに育てる目標を持っても良いのではないだろうか。「新しい公共」という言葉自体もぱったり聞かれなくなったが、「定年」という形で国内に埋もれつつある貴重な人的資源に目を向け、再び輝きを放ってもらうようにしたいものだ。

■若者は就職率アップより、起業率アップ

高齢者世代のことに言及すると、「若い人の就業率はどうするのだ！」と気に掛ける方も多い。その通り、未来に向けて若い世代の育成は時間がかかっても必須である。そしてそれは私たち大人の大切な役割である。ただし、少し従来と考え方を変えてはどうだろうか。「地元企業と連携してインターンシップを導入し、マッチング率を上げる」というのも形式的には正しいが、はたしてどこまで実効性があるか疑わしい。私も経営者時代にインターンシップを受け入れていたが、どうしても学生は「お客様」になる。その後の入社に結び付けたいので、良い所

を見せようとか、楽しい体験をさせようと考えてしまう。ましてや日頃鍛えられていない学生に、いきなりビジネスの修羅場をこなす力は備わっていないし、本当の企業秘密まで開示できるほど組織体質も緩くはない。

日本企業は国内市場が縮小するので、ますます海外に出ていくだろう。ゆえに語学堪能で現地に人脈のある海外の人材登用をしていかざるをえない。どう考えても国内での就職総数が減少するのは致し方ないトレンドなのだ。そうであれば国内総量が減っていく「就職」にこだわる必要はなく、第二章の「住む人を増やす6つの施策」で書いたように「起業」総数を増やすようにするべきだ。就職率は企業の採用数と学生数の需給バランスなので企業依存する数字だが、起業は自分で決められる自己決定事項である。学生のうちから起業体験をし、自らビジネスを起こしていく力を身に付けさせる教育に舵を切るべきである。もしそれで失敗しても大ケガにはならないし、起業に失敗した後に就職しても従来よりも優れた社会人に成長すると私は確信している。「雇用される側」から「雇用を自ら創る側」への転換が日本の未来を大きく変える。大人が本気で関われば若い世代は化ける可能性が本当に高いと感じる。だからこそ、今必要なのは起業するための立ち上げ支援と、それを目指したくなるモデル人材（目標となる経営者）の提示なのだ。

■外国人の移民政策の功罪は？

外国人労働者の受け入れ緩和という解決策について数字を抑えておくと、日本在住の外国人は不法在留者を足しても230万人で、これは在日韓国人、朝鮮人の60万人を含んでいる数字。過去10年間の外国人の増加は留学生を含め60万人、毎年の増加は6万人という。今のペースでは外国人が倍の400万人500万人になるのに30〜50年かかるのだ。日本の生産年齢人口は直近5年間で300万人以上、毎年60万人以上減っている。外国人労働市場の門戸開放だと言っても、毎年50〜60万人も受け入れることが可能だろうか？人口50万人以上の中核都市である宇都宮市や船橋市、西宮市、東大阪市、大分市くらいの規模で毎年外国人を受け入れるということだ。この先はもっと日本の生産年齢人口の減少スピードが上がっていくのだから、これを補うにはやはり外国人の受け入れだけでは無理だと言わざるをえない。

また今の日本における外国人比率は2％弱。この外国人比率を10％の1200

万人まで引き上げていくと何が起こるか？間違いなく、これまで日本が強みとしてきた「おもてなし」や、匠の技、わびさびなどは希薄化するだろう。単一民族、同質性ゆえに阿吽の呼吸で培われたことや、伝承されてきたことが、そもそもの文化の違い、もっというとＤＮＡの違いで、変化していく。日本が目指すべき姿がそれかというと私はそう思わない。変えていくべきところはもちろんあるが、変えてはいけない部分、守らなければならない部分も多々ある。日本が進化発展するために、外国人の力は必ず必要だ。但し人数の拡大を目標にした政策では、日本が世界に誇る良さを失うばかり。後の章でも述べるが、少子高齢化社会だからこそ、「質」や「濃さ」にこだわる意識の転換が求められるのではないだろうか。

2 忙しい生活から、豊かで楽しい生活へ

■10分の渋滞を無くすために、50億円かけてバイパス道路を造らない

少しでも早く目的地に着く、そのために高速道路を通し、日本全国どこへでも

スムーズに行けるように交通網を整備することは素晴らしいと思う。だが、もうこれくらいで良いのではないだろうか。誰かが無料で高速道路を造ってくれるわけではない。ある地方自治体のバイパス道路の効果測定では、渋滞が減り、目的地まで10分早く到着できると報告されていたが、建設費用＝使用する税金は50億円。我々日本には抱えきれないくらいの1000兆円を超える借金がある。高度成長期に造り続けた公共インフラの維持管理費用だけで毎年10兆円以上必要だという試算も公認会計士の専門家から出ている。

この10分を我慢できないだろうか？我慢するというより、その10分間の渋滞時に車内で会話や音楽を楽しむ、外の景色を時々眺めるという心の余裕を持てないだろうか？いつも急いで暮らしているのを見直せないだろうか？こうした気持ちのパラダイムシフトを私たちが実践した時、50億円のコスト削減だけでなく、様々な解決策の糸口が見えてくる。

■タイムリッチ・フレンドリッチ・マネーリッチ

1つめのパラダイムシフトはタイムリッチ＝可処分時間の充実だ。働き蜂と揶揄された日本人から生活を楽しむ日本人へライフスタイルの転換だ。通勤に1時間以上かからない職住接近、インターネットの活用や多様な働き方の推進によるワークシェアリングの実現、そして文化的生活を豊かに過ごし、そこから生まれる日本文化が更に外国人に魅力に映る、こうした高齢化・成熟社会の人々の素敵な暮らしを日本がつくり、アジア各国の新たな手本になるのだ。これまでの「追いつけ追い越せモデル」ではない、言わば鎌倉幕府から室町幕府への転換をするくらいの方向転換を起こすライフスタイル実現に舵を切るのである。

2つめのパラダイムシフトは、フレンドリッチ＝情・絆のある社会の構築だ。これは既に各地で言われている地域コミュニティの再生を抜きにして語れないだろう。拙著「地域再生　7つの視点」では地域の熱源が結びつき、化学反応を起こすための着火剤になる神社や、親父の会などを紹介した。昨今、児童殺害などの悲惨な事件も多発しているが、地域みんなが見守り、安心安全な生活を送るのは国民みんなの願いのはず。幼い子どもがお家の人に頼まれたおつかいに勇気を持って出かけて、途中いろんな人に助けられながら、おつかいをして家族のもとに帰ってくるという（私も何度も見て涙するが）、人気テレビ番組「はじめてのおつかい」がどこの街でも出来るような日本に戻したいと思う。さらに神戸や東北は大きな災害に見舞われた地域だけに、より一層絆の大切さを忘れないし、あの時全国の多くの人に助けていただいた感謝の気持ちもなくならない。それを語り続け、恩返ししていくようなウェットな国に戻るべきではないだろうか。

最後は、マネーリッチ。所得倍増ではなく、可処分所得倍増という考え方への転換だ。一人当たりGDP350万円を500万円、600万円にしていくのは無理とは言わないが難易度が高い。年収350万円から税や生活必要コストを引くと自由になるお金は月3万円～5万円。これを2倍の6万円～10万円に引き上げるのだ。

そのために、生活費の中で支出割合の高い住宅費、医療費、教育費の低減施策を実現させたい。住宅インフラは公共住宅の比率を倍増させる。但し行政が建設するのではなく、民間が建設し、期間を切って借り上げる賃貸方式で人口規模に応じて公共資産を可変化する。民間が建設した住宅・マンションを地方自治体が借り受け、市民にサブリースするのだ（もちろん富裕層は自分のお金で好きな住居を従来通り構えれば良い）。そのためにも30年で建て替えるのではなく、ヨーロッパ型の100年もつ家を建て、国民が世代を超えて維持管理し、受け継いでいく住宅政策に変更する。つまりは「持家主義から脱却し、年代や家族構成に応じて立地と広さを変えていく賃貸主義」への意識転換を促すのだ。もう既に多くの人に実感があるだろうが、子どもが生まれるとより広い家が欲しいし、個別の勉強部屋も必要だ。だが子どもが巣立っていけば夫婦二人分の広さで充分。下手に広いと掃除の手間が増えるだけ。また若いころは高台の景色の良い家が良かったが、年を取ってくると駅から遠く坂道を上り下りするのは面倒になってくる。家族の人数も、個人の要望も年齢によって変化してくるのは当たり前で、それを都度購入して住み替える事ができる富裕層はそんなにいない。「家は一生で一番大きな買い物」この固定観念を変えていくべきである。

3 絶対数から密度へのモデル転換

■大型店舗誘致によって、売場面積が増加すると何が起こるか？

どこの都市も大型商業施設を中心市街地活性化の切り札のように誘致している。大型店舗が出店することによる効果ももちろんあるが、その際に忘れてはいけない事がある。それはその街の商業施設全体の総売上が増えているかどうかという点だ。つまり、街全体の商業施設の総売上が横ばいなのに、街全体の総売場面積が増加すると、何が起こるかという事だ。これは個々の店の面積当たり売上が落ちているということになる。例えば１００㎡の店舗で、１０００万円の売上があったとする。もっと売上を上げようと考えた経営者は増床し、店を２００㎡にした。しかし売上が１０００万円のままでは、以前は売上10万円／㎡だったのに、今は5万円／㎡に落ちている。増床した際、家賃や従業員は2倍になっているのでコストは増加しているはず。

そうすると経営者はどうするか？まず広告宣伝費や販促費を削減する。社員数を減らしたり、店員を社員からアルバイトに変えたりする。広い面積を少ない人数で管理するので、顧客サービスが低下してくる。そうすると、顧客満足度はどんどん下がる。更に売上が変わらないということは、客数も大きく変わっていないはず。同じ客数で広さが2倍だと、店の中は以前より閑散とした雰囲気になるはずだ。商業床面積を増やす場合は、それに応じて売上が増えていかないと、とんでもない負のスパイラルが待っているのだ。

では、神戸市はどういう状況だろうか。神戸市の商業施設の売上は、1995年の阪神・淡路大震災で落ち込み、現在はようやく以前の総売上高に戻り、ピーク時の微増くらいで推移している。

一方、店舗の総売場面積は、1990年122万㎡、1995年に震災で5万㎡に落ち込み、2000年には185万㎡と1990年の1・5倍まで拡大した。総売上は微増で、店舗の総面積は以前の1・5倍、逆算すると(1÷1・5＝約0・67)。これは坪当たり売上が30%ダウンしたことと同様だ。むやみやたらに大規模化せずに、141万㎡(15%増)程度に商業床を抑えれば良かったのだ。

経営者は経済合理性により、事業効率が悪くなったので宣伝販促費を削り、人件費に手を付け、洗練された広告が街から姿を消していく。売場にいる店員が減り、サービスレベルが低下、賑やかさが消失していったのだと思う。これは企業が悪いわけではない。無計画な開発計画を進めていった行政の責任が大きいと私は思う。

住民の数、観光や通学、通勤など流入する人の数に見合う街のサイズ、それに適した店舗の総面積がある。住む人と来る人の数を増やしながら、全体の開発計画を進めていかないと街は死んでいく。日本は今後ますます人口が減ることが予想されている。高度成長期の膨張主義から脱して、密度を重視したコンパクトな街に一度戻さないと昔の活気は取り戻せないと思う。そういう意味でコンパクトシティを追求していくべきなのだ。本来はセサミストリートのような狭いエリアに学校から病院、遊び場、職場まで全ての生活要素が含まれた街がイメージされていたと思うが、コンパクトシティの概念も広義になり、いつのまにか「ある地域」に人口を寄せていって、高層ビルを集中的に建設することをイメージしている人もいる。

私は考え方が違う。高層ビルによるコンパクトシティは、重要な街の活気を失わせてしまう可能性が高い。賑わい作り、地域コミュニティの再生とは逆行すると思うのだ。私が考えるコンパクトシティは第四章で書く「低い暮らし」のコンパクトシティである。

■街の活気と人口密度の関係

高度成長期の日本は「産めよ、増やせよ」で、人口増加を背景に国づくりが行われてきたが、今後30年間で3000万人もの人口が減少していく中で、どういう国づくりを行っていくべきなのかを考えていきたい。

それは絶対数に価値を置く時代から密度に価値を置く時代への転換だと私は思う。例えば、100人のお客様が100人キャパシティのライブハウスに来ると、立ち見でぎゅうぎゅう詰めになり、熱気ムンムンの状態になる。ところが、同じ100人でも1000人収容のコンサートホールに来場した場合は空席ばかりで閑散とした雰囲気になってしまうだろう。活気や空気感は人数と箱とのバランス、密度によって全く変わってくるわけだ。

それを街にあてはめて数字を見比べてみると、目標にすべき人口密度というのが存在するかどうかが見えてくる。もちろん、それぞれの地形や使用面積が違うので、一概に言えるわけではなく、あくまで参考数値という意味だが驚くことに私の感覚値とはピッタリ合っている。

今、世界から注目を集め、エキサイティングと言われるシンガポールの人口密度は、7327人／㎢、香港は6460人／㎢。東京23区の人口密度はどのくらいかというと、14480人／㎢で、シンガポールの2倍くらいの人口密度だ。ここまで人口密度が大きいと需給バランスが崩れていると私は思う。生活するにも通勤に1時間以上かかり、ゴルフに行くのも2時間、海や山に行こうと思えば一日仕事で、帰りの渋滞を考えると行く気も失せる。マンションを買おうにもバカ高い価格になってしまう。

大阪市の人口密度は12000人／㎢。東京の約8割くらいで、香港の2倍くらいの数字である。神戸から大阪に行って「人疲れ」するという人も結構多いのが実情だ。

アジアの玄関口としても、九州のリーダーとしても期待が持たれている福岡市の人口密度は4360人／㎢だ。私も3年ほど福岡ドーム（現ヤフオクドーム）で仕事をした時に住んでいたが、都市生活と自然が近く、とても快適な街であり、活気にあふれていた。アーティストを数多く輩出していることからわかるように、文化・芸能に関する関心も高く、とても色気のある街だと思う。

そして神戸市の人口密度。残念ながら福岡市の約7割、2800人／㎢しかいない。福岡市がなぜ活気があり、神戸市がなんとなく元気がない理由はこの数字にはっきり表れているのではないだろうか。第二章で書いたように、福岡市はこの10年間で10％の人口が増え、遂に150万人都市の仲間入りをした。おそらく近い将来、神戸市の人口を抜いていくだろう。一方の神戸市、人口はほぼ横ばい状態。人口密度には影響しないが、西区や北区をどんどん開発し、海を埋め立て、実質の使用面積は増える一方だ。もともと海側に住んでいた人々がニュータウンという名の山側に引っ越し、海側の人口密度はスカスカになってきている。それでは商売も立ち行かない。こうした膨張を続けてきた結果が神戸市の活気を失っていったということを再度認識すべきなのだ。おそらく人口密度4000人／㎢くらいが、都市と自然が溶け合い、多すぎもせず、少なすぎもせず、ビジネスをするにも適正な需給バランスを作り出すのかもしれない。

ちなみに、神戸市の面積が550㎢から約7割の385㎢の面積になると人口密度は、ちょうど4000人／㎢＝福岡市と同程度になる。もしくは人口が現在の154万人から200万人に増えるとやはり人口密度は4000人／㎢になる。実際には面積を減らすには特定地域を他都市へ編入（企業でいうと売却）ということしか無いのだが、それは周辺都市ヘッケを回すことにしかならない。現実的には使用面積のダウンサイジングを長期間かけて行い、災害上も強く、生活スタイルとしても快適な場所を特定していき、そこに集まっていくことが必要なのだと思う。

もうひとつの解決策は、人口減の流れの中で難しいことではあるが、地道に住む人を増やしていく施策だ。まずは仕事や遊び、学びで神戸に訪れる人を増やし、昼間の流入人口を増加させ、その延長線として神戸市なら２００万人都市を目指す。30年で30％の人口増加を実現し、２００万人都市に成長させるのだ。そのためには住環境だけでなく、医療や介護、福祉についても「住みたくなる街」の要件を揃えていくこと。但し、これも他都市からの流入促進だけでは周辺都市がやはり干上がるだけなので、全員がハッピーにはならない。やはり超長期では少子化問題に真正面から取り組み、子どもの数を20年がかりで増やしていく施策が求められるのは間違いない。

■公共インフラコストと税収の関係

公共インフラを構築する時、都市部と郊外でどちらが税収が上がるかというと、予想通り都市部の税収が郊外の何倍にもなる。郊外の広い土地に新たに電気水道ガスを敷設していくより、都市部に敷設した方が効率的でかつ、税収も上がるというのは当然だ。人口増加をあてにして郊外を開発し、インフラ敷設をしていったが、期待したほど人口は増えず(冷静に考えればわかっていたはずだと思うが)、割高なコストになり、そのツケを今の私たちが背負うはめになっている。つまり今後人口増加の兆しが無い限り、郊外の開発はストップすべきで、何も考えずに続けているとますます借金は膨らみ、本当に破綻に向かう。ましてやこれまで作ってきた道路や建造物も耐用年数を過ぎ、メンテナンスにお金がかかる時期に来ている。国全体で公共インフラの維持管理費用だけで年間10兆円、神戸市も年間1000億円は必要だろう。ただでさえ借金が多いのに、この維持管理費が乗っかると大変だが、これは必要な費用だ。耐用年数を超えて使用し続けると、トンネルの天井落下や震災時の耐震面でも危機回避は出来ない。日本全体でもう新しいハコモノをバンバン作っている余裕は無いのだ。

こうした観点からも、街のダウンサイジングをスタートし、公共事業費のコストパフォーマンスを上げ、少ない予算で税収効率を上げて、住みよい街づくりを行う必要があるのだ。

■人・モノ・カネの地産地消

私はコーヒーはなるべく「スターバックス」ではなく、地元の「にしむら珈琲」で飲むようにしている。お土産はボックサンやレーブドゥシェフなど神戸に本社がある洋菓子メーカーのものを買うようにしている。ゴルフ道具はゼクシオ、ランニングシューズはアシックス、仕事の発注はなるべく神戸に本社がある会社にお願いするように心がけている。会社の資金繰りはもちろん地元の信用金庫で借りている。

新潟県では食料自給率が１００％を超えているそうだ。神戸市は神戸製鋼が持つ火力発電所で市全体の７割のエネルギーを供給できており、次の火力発電所が稼働すると理論上はエネルギー自給率１００％の街になる。もちろん自然エネルギーではないので、エネルギーポートフォリオを移行させていくべきだと思うが、自分の街で必要なエネルギーを自分の街で賄えるという状態は素晴らしい。里山資本主義で森林ペレットを使用した地域のエネルギーづくりが話題となっていたが、少しでも自らの足で立つ地域経済を創っていくのが地方分権時代の本当の姿なのだと思う。

これは食料やエネルギーだけの話ではない。地元企業、地元商店、市場、人・モノ・カネの地産地消をどのように進めていくか、それも甘やかすだけではなく、他地域との競争にも勝っていける産業戦略を官民一体となって考え、地域ならではの強みを形成していくことが地域経済に求められていると思うのだ。そして、これは行政区分にこだわった考えではない。行政区分を広く見て、広域での資源の最適化、連携の促進をすれば競争力を持てる戦略はいくらでもある。次の章で神戸を例にまとめたＴＫＰ（環神戸パートナーシップ協定）はそうした広域連携を周辺都市と結び、地域の人・モノ・カネの地産地消を実現するひとつのアイデアなのだが、こういう実体経済の連携が本来の広域連合のあるべき姿だと私は考えている。

第四章

神戸の新・都市ビジョン

154万人＋100万人＋110万人＋24万人＋15万人＝環神戸パートナーシップ協定

1 神戸のミッション・ビジョン・バリュー

■神戸市が目指すべき方向と担うべき役割

これまで述べてきたように、都市にはそれぞれ目指すべき方向と担うべき役割がある。

本章では、前章まで整理してきた考え方や視点を神戸市にあてはめ、それに神戸が有する資源を加味して、神戸市だったら何を目指し、どんな都市像を描くべきなのかを具体的に例示してみたいと思う。

神戸市は、1981年に国内初の都市博覧会「ポートピア'81」を成功させ、山を削って海を埋め立てる民間企業顔負けの都市経営で、「株式会社神戸市」と言われ、「国際港湾都市」「ファッション都市」「アーバンリゾート都市」「デザイン都市」「医療産業都市」など、その都度目新しい言葉を掲げて、目標を提示してきた。私はこれらのキーワードが間違っているとは思わない。むしろ時代を先取りしたテーマであったり、神戸らしい言葉だったりすると思う。とても惜しいのは「やり切っていない」のである。私が仕事をさせてもらった広島県庁でも湯崎英彦知事が口を酸っぱくして言っていたのは「予算主義から成果主義への転換」。役所の体質として予算獲得までは非常に論理的で、美しいテーマ設定をするのだが、予算が取れた瞬間に消化することが目的になり、成果へのこだわりが薄くなる。人事評価も、継続事業を粛々と改善している人より、目新しい事業を立ち上げる人が注目を浴び、評価される傾向があるのは言うまでもない。おそらく神戸市も何十年と同じ傾向だったのではないだろうか。数年置きに目新しいテーマを設定し、前の担当者が掲げたテーマはいつの間にか忘れ去られる。それが成果を挙げていようといまいと、仕上がったかどうかなど関係なく、次から次へとテーマを設定して目先を変えていくことの繰り返しだったと思うのだ。

当然、１９８１年のポートピア博覧会時の輝かしい時代以降、神戸市の力は右肩下がり。どの言葉も定着しているとは言えないし、その言葉を実現出来ているとも思えない。東京でこれらの言葉を知っている人は皆無に近いだろう。神戸に住んでいる人ですらどこまで浸透しているか疑問なくらいだ。

ビジョンや向かうべき方向はそんなに変えるものではない。10年20年かけてやり遂げるものだ。そういうテーマ設定と粘り強い執行が今、神戸市に必要なことだと私は思う。そのためには組織人事の考え方も変えていく必要があるだろう。広島県庁においては個人スキルの底上げをし、民間企業と伍して組める組織力を構築するために、人事異動の間隔の長期化を湯崎知事に要請した結果、広報や国際、情報関係の専門性の高い職種については異動サイクルを3年程度から5年以上に変えて専門性の向上を図っていくという決定がなされた。他県の例でいうと、山梨県のワインが世界的にも評価されるようになった裏には、10年以上も人事異動せずに山梨ワインのブランド化一筋で仕事をし続けた職員がいたのである。

さて、では神戸市はどんな役割を担い、どこを目指していくべきなのだろうか？まずはわかりやすいイメージで野球に例えて説明する。もしも地方自治体の全日本チームがあるとすると、神戸は間違いなく1番バッターだろう。先頭バッターとして突破口を切り開いていく役割が求められる。新しい文化を真っ先に取り入れ、次につなげていく姿は、あのイチロー選手と同じ役割だと思うのだ。

視点を変えてオールスターゲームのような東西対決における西日本チームだとどうだろう？神戸の役割は3番サードだと思う。京阪神がクリーンアップを打たないと西日本は沈没する。４番は大阪に任せるとしても、走攻守そろってセンス良くチームを牽引する役割は神戸が担うべきだろう。自ら打って打点も稼ぐ、塁に出てかき回して大阪、京都のヒットでホームに帰ってくる、そんな役割のイメージだ。沈み行く神戸を見て「大阪のベッドタウンになるしかない」という人がいるが、人口も全国5番目、神戸ほど潜在能力がある街が大阪の衛星都市になるだけでは絶対ダメだ。神戸が諦めたら日本中の小さな市町村はもう生きていく術がない。歯を食いしばって神戸は西日本のクリーンアップを打つ気概と誇りを持たなければいけないのである。

■国際文化都市・神戸の再スタートへ

ではどんな都市を目指すのか？

商都・大阪、モノづくりと歴史の街・京都と並んで神戸が価値を発揮出来るのはやはり文化の街だ。それは生きるために必須の衣食住ではなく、人生を楽しむための衣食住が生活の中に定着し、世界の文化を取り入れ、アレンジし、交流する。それを日本全国に伝えていく、世界に発信していく。都市と自然が調和し、豊かでゆとりのあるライフスタイルを実現する街。老若男女や外国人の区別がなくコミュニティに溶け込み、かつての「速く走る」ことだけを良しとした日本スタイルではなく、21世紀の日本の生き方・スピードのお手本となるような神戸スタイルを生み出す。そんな国際文化都市となることが神戸が担うべき役割であり、目指すべき方向だと私は思う。

神戸は「神の戸」と書く。すべての起源となる神から与えられるモノ・コトの戸、すなわちゲートウェイが神戸だ。だからこそ日本初のモノ・コトをたくさん生み出してきたのだ。いつからかＨＩＶや大震災、インフルエンザなど悪いことがイの一番になることが多くなったのは、都市開発という名の乱開発による自然破壊が神様を怒らせたという人もいるほど。それほど私たちは先人から受け継いだ神戸の自然を壊してしまっているが、もう一度それを再生させて、気の流れを良くし、ゲートウェイの街として復活させたいと思っている。

そのためには港や空港、情報インフラなどの役割も重要であるし、それらを使いこなし国境を越えて活躍する国際人の育成も急務だ。さらには神戸っ子の気質として「進取の気性」を脈々と受け継いでいかねばならない。日本を覆う閉塞感を打破し、新しいスタイルを打ち出すのは神戸しかない。神戸ならきっと出来るはずだ。パリ、ミラノ、ベネチア、バルセロナ、シアトル、サンフランシスコ、釜山、天津など世界の都市とのネットワークを生きたものにし、国際文化都市・神戸を再スタートさせるのだ。

■市民満足度No.1シティの意味するところ

私は前回の神戸市長選挙で「市民満足度No.1シティへ」を目標とした。つまるところ行政の役割はそこで暮らす人々の生命、財産、安全を守ることだと思うし、市政という観点で考えると、その街で暮らすことで安心安全で、生まれて良かった、住んで良かった、働いて良かったと思えるようにしていくことが一番重要だと思うからだ。そのためには一定の経済成長も必要だが、経済成長一辺倒の考え方を改めるべきである。国もGDP以外の指標を模索し始めており、内閣府の幸福度調査の項目は、家計の状況（所得、消費）、就業状況（仕事の有無・安定）、健康状況、自由な時間・充実した余暇、仕事や趣味、社会貢献などの生きがい、家族関係、友人関係、地域コミュニティとの関係が幸福度を判断する要素として挙げている。

では、それぞれの要素の充足度を分析し、不足している要素に手を打ち、解決すれば単純に幸福度が上がるのだろうか？私はそうは思わない。個人の幸福度が上がったとしても社会の発展やあり方が明確にならないと充足度は上がらないと思うのだ。例えていうと、神戸市が発展するために周辺都市から人口を奪い、仕事を奪い、富を集めていけば本当に幸福になっていくだろうか？その構図は東京一極集中による地方都市の疲弊と全く同じ構造だ。しわ寄せを小さな町に転嫁させているだけなのだ。スポーツに例えると、自分は活躍してもチームが負けたら嬉しくない。逆にチームが勝っても自分が蚊帳の外だと寂しいものだ。やはりチームのために貢献し、そのうえでチームが勝利することを目標にすべきだと私は思う。

そんな中、注目を集めているのが、ヒマラヤの小国ブータン王国の第４代国王ジグミ・シンゲ・ワンチュクが提唱したＧＮＨ（Gross National Happiness）。国づくりの目標を経済力の強化とするのではなく、生活する国民の幸福実現に置くという発想だ。

これは経済発展を否定しているわけではない。経済基盤は必須だが、究極の目標ではなく、幸福は主観的で個人差があるので、目的に向かって努力するとき、それが達成されたときに感じる充足感を目標にしているのだ。また公平な社会経済開発、汚染のない環境保護及び促進、ユニークな文化遺産の保存及び発展、民衆参加型の責任ある良い政治が国の政策のガイドラインとなっている。

私なりに神戸市政に置き換えると、今の財政難を凌ぐためだけの乱開発をしない、問題の先送りをしない、一部の人だけの幸福を追求するような施策は取らないということ。神戸が未来に向けてやっておくべきことは、次世代に受け継ぐべき風土や資質、環境、ＤＮＡなどを市民全体で意識し、力を合わせて守り育んでいくことだと思う。目先の課題解決だけに奔走せずに目指すべき都市像、あるべき姿を共有し、「トモニイコウ」なのだ。但し、繰り返し言うが経済成長をしなくてよいわけではない。一定速度の経済成長をし、雇用を増やすこと、所得が増えることは街の元気につながる。世界では経済の安定にちょうど良いのは２％程度のマイルドなインフレとされていて、先進国の例ではインフレ率２％の場合、名目成長率は４～５％になっている。政府が２０１５年１月に発表した実質経済成長率は1・5%、名目成長率は2・7%。これでは財政事情は好転しない。やはり4%以上の経済成長率は必要だと思われる。

一方で、高すぎる成長、急すぎる成長は社会のひずみを生む。日本の自殺者は14年連続で3万人を超え、今や最大の社会問題のひとつとなっているが、韓国は自殺率が急上昇し、直近データでは人口10万人あたりの自殺者数（2013年）は29・1人で、日本の25・8人を抜き、OECD（経済協力開発機構）加盟国の中でトップに立ったという。この要因はやはり貧富の格差拡大と競争の激化だろう。急激な経済成長は勝ち負けが評価の対象となりやすく、子どもの頃から大人になるまで、常に過酷な競争にさらされているストレスの影響と言わざるをえない。

また2013年中国で起きた高速鉄道の脱線・落下事故や、このところ頻発している日本でのバス事故の原因も競争激化のための品質低下に起因しているだろう。車の運転に例えると、時速60㎞で走っていると快適なドライブが楽しめるが、高速道路で時速120㎞で長時間走り続けると、かなりの緊張感でストレスがかかってしまう。街中でも急ブレーキ、急加速は同乗者も疲れる。企業経営も10%

成長した後にマイナス６％、そしてまた10％成長してマイナス６％、トータル４年で８％成長するような場合は、急な人材採用や設備投資、はたまたリストラや資産売却と、組織内に不安感が高まる。それより毎年２％ずつ成長し、４年後トータル８％成長した方が組織は元気になり、気持ちが前に向かっていくのだ。つまり、リーダーの大切な役割は、希望が持てる目標を設定し、健全な成長速度をコントロールし、実現していくことだと思うのだ。

■山があって、海があって・・・その次は？

神戸人は自他ともに認める神戸大好きな人がとても多い。いわゆるシビック・プライドが他都市に比べてダントツに高い都市だと思う。そして、必ずその理由として出てくるのが、山があって、海があって・・・。しかし、ふと思った。その後に続く言葉が少ない。続ける言葉が人によってバラバラ。山も海も、もともと神戸にあった素晴らしい自然環境だ。でも、この30年、行政は山を削り、海を埋め立て、自然を壊してきた。明治時代はハゲ山だった六甲山に植林し、緑豊かにするような施策も行っていたが、実はそれを先導したのは神戸にやってきた外国人だ。

私は、この「山があって、海があって・・・」の文章の続きを神戸市民の手で完結させねばならないと思う。そして、それこそが神戸が掲げるビジョンだと思うのだ。

自然に恵まれただけでなく、私たちが住むことによって、この土地に何かを残していくべきなのじゃないかと思うのである。

私が考える神戸のビジョンは、「山があって、海があって、文化がある」、もしくは、震災を経験した私たちだからこそ、伝えるべき事があるという意味を加えて、「山があって、海があって、文化があって、情がある」、そんな「国際文化都市」こそが神戸が目指すべき都市像だと考えている。

■私たちが次世代に残すべきもの

神戸に住む大人の責任として、次世代に残すべきものは何だろうか？

首都圏からは関西とひと括りにされることが多いが、京阪神の違いを一番わかっているのはそれぞれの都市に住んでいる市民のはず。京都でもない、大阪でもない、神戸の良さをしっかり神戸市民が認識し、次世代に継承していかねばならない。そして市民みんなで守り続けていきたいと思う。

まず1つめは、神戸っ子として進取の気風。

港町として発展し、世界から多くの人と文化を受け入れ、日本中に発信していったのが神戸だ。そこには港町ならではの開放的な性質、新しいことを受け入れていく土壌、それを自分たちのものにしていく寛容さ、応用力が根っこにあるはず。この気質の継承をするべきだ。閉鎖性は似合わない。保守的なのも神戸らしくない。神戸っ子はいつでも新しいものを取り入れ、進化し、冒険的であるべきなのである。

2つめは、神戸が持つ自然環境と景観だ。

海と山に囲まれて・・・。誰もが使う神戸を紹介するフレーズである。海が見えない、山が見えない、ではダメなのだ。いつでも緑の山を眺めることができ、車で30分も走れば山の中に入れる。夏など軽井沢のような避暑地がすぐそこにあるようなもの。もちろん1000万ドルの夜景もあり、山のレクリエーションも豊富。海も日常生活の中に存在していて、少し歩けばキラキラした海を眺め、潮風にあたることができる。川もある。日本最古と言われる有馬温泉もある。こんなに素晴らしい地に私たちは暮らしているのだ。それは誰しも理解していること。それを私たちの時代で食いつぶしてはいけないのである。かつてイギリス人のアーサー・H・グルーム氏が六甲山を開発・植林し、避暑地・リゾート地として現在の礎を築いてくれたが、今度は今を生きる神戸市民がその役割を担わなければいけないと思うのである。

3つめは神戸ブランド。

私たちはこれまで何度も市外の人から「神戸ってオシャレなイメージですね」と褒められてきた。神戸に生まれ、育ち、働いているだけで、素晴らしいブランドイメージを享受してきたのだ。誰しもが憧れる神戸ブランド、その恩恵を私たちは身を持って体感してきたと思う。

それが錆びてきている。40歳以上の人にはまだ通用するかもしれないが、若い人の間では「ただの地方都市」に成り下がってきている気がする。東京からの認識も右肩下がりだ。私はそれを20年間東京で感じてきた。だから悔しい。震災以降は「かわいそうな場所」というイメージすら芽生えているようだ。また最近旅行に来た人々からは「意外と何も無いね。退屈した」という声が聞かれるようになってきた。だから宿泊しないで素通りし、他都市へ行ってしまうのだ。神戸ブランドを私たちの時代で終わらせたら次世代に対して申し訳ない。必ず復活させて次世代への贈り物にしないといけないのだ。

そして最後の４つめは震災の教訓。

阪神・淡路大震災を経験した神戸市民は、助け合うこと、助けていただくこと、みんながひとつになること、そして復興への道を歩いて来たこと、その中で経験したすべてが神戸市民の歴史であり、知恵であり、継承すべきことなのだと思う。自然と共生していく中で、世界のどこかでまた災害は起こるだろう。神戸市民がどう生きていくか、そして何を伝えていくか、どう関わっていくか、は神戸に住む人々が背負った役割なのだと私は思う。

私が広報総括監を務めた広島県は被爆地として70年間、その使命を認識し、世界に向けて発信し続けている。２０１１年の東日本大震災後は真っ先に福島県をカウンターパートとして、被爆者支援をこれまで蓄積してきた英知を集めて行っていた。

神戸だから出来ることや学んだ教訓を、何十年経っても風化させずに私たちも語り続け、やり続けていかなければならない。

2 神戸の街のエンジンの再生

■膨張する神戸が危ない

第三章で書いたように、神戸市は震災後、大型店舗開発を進めすぎた。神戸市の商業施設の売上は、1995年の阪神・淡路大震災で落ち込み、現在ようやく以前の水準に戻り、ピーク時の微増くらいで推移している。売場面積は、1990年122万㎡、1995年に震災で5万㎡に落ち込み、2000年には185万㎡と1990年の1・5倍まで拡大したが、売上は微増で、坪当たり売上は30％ダウンだ。この負の連鎖を止めなければならない。

これは海の埋め立てや西区や北区の開発でも言える。人口密度の項で書いたように、街の使用面積が増えれば増えるほど、住空間の人口密度は薄まり、商売効率も悪くなる。誰も儲からない状態になっていくのだ。また公共インフラの一人当たり維持管理費も高くなる。だから、住んでいる人口や、街の外から来てくれる人の数に見合うコンパクトな街に一度戻さないと昔の活気は取り戻せない。そのために新たな宅地開発や海の埋め立てをストップする必要がある。そして旧市街地を中心に維持管理だけでなく、活性化計画を動かして、神戸市民が神戸の中心市街地に集りたくなるような施策を打つのだ。

■低い暮らしをしよう

私の好きな生活スタイルは低い暮らしだ。テーブルとソファの生活もそれなりに好きだが、フローリングにホットカーペットを敷いてゴロゴロしたり、寝そべったり、ＤＶＤを見たりすると、とてもリラックスする。こたつに入ってテレビを見るのも最高だ。冬はみかんがあれば、更に言うこと無し。夏は畳の上に寝っ転がると、すーっと眠れる。

視点を変えて、都市生活のスタイル。高層ビルに住み、地上を見下ろしたり、遠くを眺めたりするのは誰もが一度は憧れる暮らし方だが、その影響で空の広さは小さくなるばかり。東京では空を見上げても、角度にして30度くらいの広さ分しか見ることが出来ない。しかも灰色の空だ。

人との出会いもエレベーターの中、つまり上下移動中が多くなる。エレベーター内での少しの時間、居合わせた人と世間話をするのは他人の耳が気になって、気持ち良く話せないのではないだろうか。新入社員当時「エレベーターは社内の社外」と教わった。つまり私語は慎めということである。だから、縦に伸びる移動空間中心では街のコミュニティの再生は難しいと思うのだ。

神戸の空は広い。１５０度分の広さを眺めることが出来る。しかも鮮やかな青い空だ。この青い空と山の緑、それに海の青さも毎日味わえるのが神戸の素晴らしさだと私は思う。

私たち神戸市民が次世代に残すべき大事なものの一つが、この神戸の自然、景観だ。上へ上への生活ではなく、低い暮らしに戻すべきだと私は思う。上下移動ではなく、低層住宅を中心とした横移動の生活スタイルへの変換を進めるべきなのである。

どこにいても、どこから見ても海と空に囲まれ、瀬戸内の温暖な気候のもと、街を歩き、路地を行き、坂道を登る。井戸端会議が始まり、公園のベンチで話し込む。商店のおばちゃんに元気をもらい、町の世話役的なおっちゃんに怒鳴られる。大規模商業施設に比べると便利さと効率性は劣るけれど、規則性の無い、ごった煮のセサミストリートのような下町にはドラクエの冒険のような発見や出会い、ハプニングが多々あるはず。言い換えると「非効率を楽しむ暮らし」だ。こうした暮らしの中で、人との触れ合いが生まれ、地域コミュニティの再生もはじめて可能となってくるだろう。どうしても高いところから景色が見たい場合は、六甲山に行けばいい。車で30分で到着、日本三大夜景である1000万ドルの夜景がいつでも見られるのだ。

この低い暮らしを推奨するためにも景観法を見直すべきだ。運用方法も厳格化し、山と海に囲まれた神戸の景観を守らなければならない。快適な都市インフラが整備されたエリアに、高さを抑えた中心市街地を形成し直し、街を歩く楽しみを提供するのが私が考えるコンパクトシティなのだ。

■神戸は大阪のベッドタウンになるだけで良いのだろうか？

前章で流入人口について説明したが、実は横浜市の昼間流入人口は約40万人、昼間流出人口が74万人で、差し引き34万人の流出超過だ（ただ人口そのもの＝住む人が368万人と神戸市の約2・4倍もいるわけだが）。つまり完全に東京のベッドタウンとなっている。

神戸も大阪のベッドタウンとして生きていく方向もある。

が、日本で人口5番目の規模の政令指定都市の神戸市が大阪に依存したベッドタウンとして生きていく道を選んだら、どうなるだろう？おそらく神戸市より小さな地方都市は自分の足で立っていくのが本当に難しい時代に突入する。

本当にどうしようもなくなったら、最後の最後はそういう道もあるかもしれないが、やはり神戸市くらいの規模ならば、周辺都市を潤わせるくらいの地域リーダーシップを取るべきだと私は思う。だから頑張るべきなのだ。地方分権を成功させるためにも西日本の大きな拠点として神戸市が頑張らないとダメだと思うのだ。

幸い、神戸には素晴らしい企業がたくさんある。こうした神戸に本社を置く企業と行政がしっかりタッグを組み、官民あげて街づくりをすれば、必ず成果を出せると私は信じている。

3 神戸の都市戦略

■住民福祉のイコールｏｒベター

41ページで「住む人を増やす」6つの施策を整理した。それを神戸にあてはめると具体的にどんな施策を実施していくべきかを提案したい。

1つめの住民福祉については、「住民福祉を他都市に比べて、限りなく同じかそれ以上にしていく（イコールｏｒベター）」という方針に基づいて、中学3年生まで医療費無料化、学童保育の19時まで延長、予防接種やがん検診などの費用低減、経済格差が教育格差につながらないような私学教育費補てんやバウチャー制度、待機児童、待機老人解消のための各施設整備とその保育士や介護士の労働条件アップなども改善を図らねばならない。さらに、北区や西区の交通難民を救うための公共交通の運賃値下げと利便性向上も必須。今後、人口減少時代に入り、ますます行政サービスにおける「住む人を集めるための自治体間競争」も激化するだろう。その状況下で、どの行政サービスが他都市に比べて劣り、何が優れているのかも年々変化する。市民が他都市との比較を知らないからといって放置するのではなく、積極的に他都市を上回る政策を手掛けていき、生活上の必要コストを少しでも削減し、可処分所得を増やす方向に日々改善していくべきだと思う。なぜなら究極の目的は住民福祉の向上であり、住民満足度の最大化だからだ。こういう話をすると、その財源はどうするのだという意見が必ず出てくる。そうした政策を実現するためにも財政の健全化がやはり重要になってくるのは言うまでもない。何に予算を重点配分し、どの政策の優先順位を上げるのか、そのために効果が無い政策を止め、少ない予算で今まで以上の成果を上げる工夫をし、職員ひとりひとりの生産性を上げながら、地元産業育成や人口増加による税収増を図っていく。まさしく経営感覚をもつ首長が求められる理由がここにあるのだ。

■ポスト「風見鶏」の必要性

２つめは神戸ブランド。40歳以上の方にはまだかろうじて「神戸ブランド」の名残りがあるだろうが、阪神・淡路大震災から20年経った今、この20年間全国的に神戸が話題になり、都市ブランドの価値を上げるような出来事があっただろうか。２０１４年はＳＴＡＰ細胞発見のニュースで湧きかけたが、その後の顛末で理化学研究所のイメージダウン、笹井芳樹氏の死という悲しい結末。若い人たちにとっては神戸は被災地というイメージに始まり、今は遠い地方都市のひとつに成り下がっている。

ＮＨＫ連続テレビ小説「風見鶏」全20作が放送されたのは、１９７７年10月３日から１９７８年４月１日。大正時代にドイツ人パン職人と国際結婚した女性が、神戸市でパン屋を営み、やがて多くの人々から慕われていくまでを国際色豊かに描いている。同時代に実在したドイツ人パン職人・ハインリヒ・フロインドリーブ（フロインドリーブ創業者）をモデルにしているそうで、この作品がきっかけで舞台となった神戸市の北野町と山本通にある異人館街が脚光を浴びることとなり、「異人館ブーム」が起きた。それから37年、神戸を舞台にし、全国的に有名になった映画やドラマはほとんどない。異国情緒あふれるイメージを30年余りで食いつぶしてきたわけだ。

2014年9月からスタートしたNHK連続テレビ小説「マッサン」は、ニッカウヰスキーの創業者である竹鶴政孝がスコットランド人の妻リタと国際結婚し、広島、大阪、北海道で暮らし、人々と触れあい、ウイスキー造りに没頭していった実話をもとにした物語。サントリー創業者の鳥井信治郎がモデルの実業家もキーパーソンとして登場する。視聴率も9月29日の放送開始以来、第1週の平均視聴率（関東地区）は21・3％、2週と3週が20・6％、4週も連日20％を超え、視聴者から大好評を博している。その影響で国産ウイスキー市場も活況を呈している。酒販売大手のカクヤスでは、国産ウイスキーの売上は10月27日時点で、すでに前年同月比117％。特にニッカの創業者の名を冠した「竹鶴」ブランドは、同320％を記録した。今後は舞台となった広島県竹原市の竹鶴酒造や京阪間にある山崎蒸溜所、北海道の余市蒸溜所への観光効果も見込めるだろう。

かつての「風見鶏」、今の「マッサン」のような、神戸を舞台にし神戸の持つ本来の良さが伝わる映画やドラマが今一度必要だ。ロケ地誘致などを行う神戸フィルムオフィスは国内有数の力を持っているが、ロケ地は映画が完成した時には、「どこか特定できない場所」のように編集されることが多い。撮影に適した場所を使用しているだけなので、観客に神戸の魅力をストレートに伝えられないのだ。今の神戸に必要なのは、「風見鶏」に匹敵する神戸を舞台にしたインパクトのある物語を多くの人に伝えるコンテンツだと私は思う。

２０１３年のＮＨＫ大河ドラマ「平清盛」は神戸に遷都したり、一ノ谷の合戦があったりと絶好のチャンスだったが、低視聴率と環境整備やプロモーションの仕掛けが足りず、平清盛ゆかりの地は広島県（宮島、厳島神社）に持っていかれてしまった。全国の自治体が大河ドラマの誘致をしているので、下手をすると47年に1度のチャンスだったかもしれないと考えると残念でならない。

では、地方自治体が自ら映画を作ればいいかというと、多額の資金が必要であり、その映画がヒットするとは限らない。正しいアプローチの方法は映画やドラマのプロデューサーに地道に企画営業をすることだが、私はもっと上流にいる作家にアプローチするのが良いと思う。地元出身の作家や漫画家に神戸を舞台にした作品を書いてもらい、書籍化（マンガ化）してから、それをベースに映像化するのが費用対効果と成功確率の面で正攻法だろう。神戸にゆかりのある作家なら田辺聖子さん、村上春樹さん、玉岡かおるさんなど、脚本家なら井上由美子さんや渡辺あやさん、漫画家なら原秀則さんや矢沢あいさんなど、お願いしたい方はたくさんいる。観光戦略もポスターとチラシを作成しているだけではもうダメなのだ。

同じように、ブランドイメージに直結するランドマークも50年前に造られたポートタワーに今でも依存しているのが現状だ。当時、第7代神戸市長であった原口忠次郎氏が1959年にロッテルダムを訪れた際に、港を一望するユーロマストに感激し、このタワーの建設を手掛けたそうだ。ポートタワーは港の景色が楽しめるように、中突堤（埠頭）上に1963年に建設された展望用のタワーで、各都市のタワーがテレビ塔として建造されたのに比べ、そうした機能を持たない観光用タワーとして建てられた点も神戸らしいと思う。世界初のパイプ構造の建造物で、和楽器の鼓を長くしたような外観（双曲面構造）が特徴、その独特の構造・形状から「鉄塔の美女」とも称され、高層建築物のモデルの一つとなっており、日本で初めてライトアップされた建造物でもある。

以降は神戸港のシンボルとして広く知られ、ポスターや絵葉書には必ずポートタワーと海洋博物館が写った写真が使用されている。逆に言うと、50年間新たなランドマークが造られてないということ。阪神・淡路大震災の復興時に、次の50年間を牽引するようなランドマーク的な建造物を作るべきだったと私は今でも思う。そしてポートタワー内の売店・レストラン・展望台も観光客や修学旅行生ががっかりしないような神戸のショーケースとしてリニューアルするべきではないだろうか。

■次の1兆円企業は？

３つめは地元企業による雇用増。

１８９６年に設立され、連結売上高１兆５１００億円にまで成長した川崎重工や、１９１１年設立で連結売上高１兆８２００億円の神戸製鋼、イオンに買収されその名が無くなると言われているが流通王国を築いたダイエーも１９４９年に設立され、価格破壊を合言葉に業界初の１兆円企業となった。川崎重工や神戸製鋼は原口忠次郎市長時代に官民一体となって共に街づくりを推進したのだろうし、ダイエー中内切氏もまた当時の宮崎辰雄市長とともに急成長していったのは言うまでもない。現在、神戸に本社を置く企業として売上8400億円の住友ゴム工業、売上3100億円のワールド、3300億円のアシックス、3000億円の富士通テン、2000億円のシスメックス、3343億円のUCCグループなどがあるが、次の1兆円企業をどこが担い、その後押しとなる産業政策をどのように行政が進めるかが雇用の拡大の大きなカギを握る。

行政はしばしば中堅・中小企業の雇用促進のため、「一人採用すればその費用の3分の1を補てんする」という補助金を出したり、緊急雇用対策の名で1年間雇用するプロジェクトをつくり、表面上は雇用数を増加させるが、緊急雇用の予算が無くなり、プロジェクトが終了すればその人材は切られる。例えば、大河ドラマ「平清盛」の放映に合わせて清盛隊として雇用されたメンバーも長期雇用にはならないので、プロジェクト終了後は自分たちで稼いでいかないといけないわけだ。中堅・中小企業は景気の波をもろに受けるし、経営的にはなるべく固定費を変動費化したい。多少の変動を吸収できる企業体力、固定費となる正社員を充分な数で雇用できる大企業が育ち、その大企業から雨のように仕事が中小企業に降ってくる状態を作り出すのが戦略の順番だろう。そして、その下請け孫請けが神戸市以外に（特に海外に）逃げていかないように、条例などで市内発注比率についての優遇策などを整備する必要もあるだろう。

■市内教育機関の魅力アップ

４つめの戦略は大学進学時の学生を集める力の強化だ。高校では、学力レベルの高い私学として灘高、六甲高校、須磨学園高校、公立でも神戸高校、兵庫高校、長田高校などがあり、スポーツ分野なら滝川第二高校や神港学園、神戸国際大学附属高校などの甲子園常連校も数多くある。

一方で、大学は数はあるものの、様々な面でもう一段のレベルアップが必要だと思われる。東京の早稲田、慶応、上智、青山、立教に行くような学生、関西なら関関同立に行くような学生が進学で神戸に来たくなる大学がもっと必要だ。もともと関西学院大学は阪急王子公園が建学の地。西宮に移転したのが本当に悔やまれる。出来れば建学の地に戻って来てもらいたい。また現存する大学が一朝一夕に学力レベルが急上昇するわけはない。場合によっては首都圏や海外の有名大学の神戸校を設立することも視野に入れるべきだ。また市内の教育機関については特定分野に絞ってナンバー1を獲りにいく必要があるだろう。語学が抜きん出ている、ビジネス系が強い、アート系が強い、ITに特化している、ファッション分野で日本一など、特徴ある学校づくりに対して行政も後押しするべきだと思われる。

■大学立地の戦略的な都心回帰

もうひとつ大切なのは、その立地だ。大学全入時代に向かい、学生を集めるためにも大学は田舎にあってはダメだ。経営感覚のある大学がどんどん都心回帰していく中で、神戸の大学が集まっているのは西区の学園都市とポートアイランドの海の上。このままだと少子化の中、入学生を集めるのも苦労していくことが予想される。

また、東灘区岡本がおしゃれで綺麗な街として活気があるのは甲南大学と甲南女子大学があるからだ。商店街の理事の方も「お金はそんなに落としてくれないけど、女子大生が歩いているだけで景色として絵になる」とおっしゃっている。

ところが、残念ながら西区やポートアイランドに通っていると、街中の賑わいに全く寄与しない。仮に1限目の授業が終わり、2限目が休講で、3限目の授業がある場合、その間の2～3時間は学校の食堂などで時間をつぶすしかない。ところが三宮や元町にキャンパスがあればその3時間は三宮センター街でウィンドウショッピングができる。ランチもそのついでに街中で食べてくれるだろう。オープンカフェなどが充実すれば、そこに座っていてくれるだけで、街の華やかさが違う。大学の特徴づくり、立地の見直し、いずれも時間はかかるが、人集めの基礎環境は20年先を見て進めなければならない。

5つめの起業促進については、44ページで書いたように成功例を数多く学生に見せるにつきる。そして大学との連携により、ベンチャーマインドやスキルを教育する。インターンシップを補助するより、スタートアップを補助するのである。

■西日本最大のeコマース物流拠点

6つめは企業誘致。都心に近い港と空港という資産を持ち、空港島など空き地も残っている神戸なので、空運、海運、陸運などの物流拠点となるような企業誘致を促進したい。２０１２年度の国内ネット通販市場は、前年度比15・9％増の約10兆２０００億円で、小売市場全体のまだ約４％に過ぎない。まだまだインターネットを使った物販は何倍にも拡大していくことは間違いない。西日本全体への物流拠点として陸海空と直結した巨大倉庫群を整備し、空港島を利用する。幸い、神戸との縁も深く、ヴィッセル神戸を擁する楽天はネット業界でも世界企業に成長していくだろう。楽天株式会社の物流子会社である楽天物流株式会社は、千葉県市川市、柏市と兵庫県川西市に物流拠点「ＲＦＣ（楽天フルフィルメントセンター）」を稼働させているが、本社移転は無理でも西の物流拠点を神戸に誘致するのであれば実現確率が高いのではないか。楽天以外にもネット販売が急拡大する中で、大型物流拠点を必要としている企業はたくさんあるはずだ。

これはあくまで一例だが、やはり今後拡大が期待される産業分野で、雇用吸収力が高い産業を誘致したい。医療産業も薬品や医療機器の工場群は雇用貢献度が高いように思うが、研究開発機関は投資額の割に雇用数が限られているのが難点である。そして出来れば次の１兆円企業候補が存在する産業分野に投資していくのが神戸の重要戦略だと思う。

■環神戸パートナーシップ協定

神戸市が周辺都市を引っ張るリーダーシップを取り、相互に成長していくため、少しエリア（市場）を俯瞰して眺めてみると大きな可能性に気づく。

神戸市の東エリアにある芦屋市、西宮市、尼崎市の人口の合計は約１００万人。神戸市の西エリアにある明石市、加古川市、姫路市に約１１０万人、北エリアにある小野市、三木市、三田市には約24万人、南エリアの淡路島の3市には約15万人。神戸市の１５４万人と合わせると約４００万人の人が住んでいるのだ。神戸の再生を考える時、１５４万人の人口で考えがちだが、行政が決めた区域に縛られずに、もう少し広域で市場を捉えるわけだ。

４００万人といえば兵庫県の約7割の人口。人口が全国10位の静岡県が３７０万人、広島県が12位の２８０万人、13位の京都府が２６０万人だ。神戸周辺地域の人口は、なんと県別人口ランキングで10位に位置するのである。

このところ政治的にはＴＰＰ（環太平洋パートナーシップ協定）が話題だが、私はＴＫＰ（環神戸パートナーシップ協定）を実現したいと考えている。神戸市とその周辺都市をつなぎ、この４００万人経済圏をベースに人・モノ・カネ・情報を行き交わせ、定常的な流入人口を増やしていけば、従来の神戸の約3倍の経済圏が創られる可能性がある。

具体的には、神戸が周辺都市のハブ機能を持ち、アンテナショップの役割を果たし、それぞれの特産物や観光名所が神戸に来れば一目瞭然となるようにする。元町高架下の空き店舗を行政で借り受け、他都市にサブリースしても良いし、さんちかの活性化のために周辺都市の見本市モールをつくっても面白い。そして兵庫県外への情報発信については、神戸市が他都市の分もまとめて担う。それらのコンテンツの集積が更に神戸の魅力として観光客を惹きつけることは間違いない。大阪や京都、中四国へ、そして首都圏に向けて環神戸経済圏の豊かさ、素晴らしさを神戸市がプロデュースするのだ。

そもそも東京在住の人は今でも私に「芦屋って、神戸なんでしょ?」と言う。芦屋は神戸市の一部だと思っているのだ（正しくは神戸市の東隣の人口9万人の市）。淡路島も神戸市と別の市だとは認識されていない（正しくは神戸市垂水区から世界一の吊り橋である明石海峡大橋を渡ったところにある3つの市からなる島）。そして、残念ながらそれぞれ単体の市だけの魅力発信では、海外や首都圏からわざわざ来てもらう優先順位が上がらないのが現状だ。そして神戸市だけの魅力で観光客を引っ張るのも厳しくなってきているというのが実情。だから周辺都市との連携が必要なのだ。

こうしたハブ機能、つまり港町としての集約機能と目利き力が開港以降、神戸が果たしてきた役割であり、今後の付加価値として更に求められる力だと私は思う。だから明石市のタコも、三木市のゴルフ銀座も、世界遺産である姫路城も、イルカと泳げる淡路島のドルフィンファームも神戸がパッケージ化し、ブランディングを施し、情報発信していく。すべて神戸（周辺）が持つ資産だと思えばいいわけだ。そうすれば必ず神戸を拠点にして宿泊してくれる。一度で周遊出来なくて、滞在日数が増えるかもしれないし、リピート訪問が増えるだろう。そのたびに毎回神戸に来てくれる。そして「滞在してこれほど住み心地の良い都市は無い」という神戸の本来の良さに気付いてくれるはず。

これは私が広島県庁で、三原市のタコや宮島の厳島神社のPRなど、各市のプロモーションを支援したのと同じ仕掛けだ。宝が集積されるほど、魅力は増し、人を惹きつけていく。市外に打って出る財政規模が小さい市や町は必ず喜んでくれ、ｗｉｎ—ｗｉｎの関係が築けるはず。これが環神戸パートナーシップ協定の考え方である。

■この街はどこだ？

まずは、読者のみなさんへのクイズ。ヒントを羅列するので、どの都市のことか答えてほしい。すべての項目をその都市からの所要時間で編集してみたので、旅行に行った際の旅程を組むのに参考になると思う。

▼約10分で行けるところ
日本三大神滝とハーブ園
サンセットクルーズ
中華街
日本一のスイーツの本場
イノシシに遭遇する川
日本三大酒蔵

山崎豊子「華麗なる一族」の舞台となった地
パンダとコアラを同時に観ることが出来る日本唯一の動物園
日本三大大仏のひとつ
平清盛が都を移した福原京
光源氏が逢瀬を重ねた絶景保養地
▼約20分で行けるところ
空港
サンフランシスコの金門橋より長い世界最長の吊り橋
1000万ドルの夜景
鯛・タコ・アナゴが獲れる漁港
湘南より素敵な白砂青松が1・5㎞続く砂浜
イルカと触れ合える海
▼約30分で行けるところ
軽井沢並の標高の避暑地
豊臣秀吉が愛した日本最古の温泉

羊が放牧されている牧場
世界遺産となっているお城
日本で最初に出来たゴルフ場
「ザ！鉄腕ＤＡＳＨ村」のような農村
日本一のタコの産地
▼約１時間で行けるところ
イザナギノミコトとイザナミノミコトが創った日本の起源と言われる島
鳴門の渦潮
徳川家康が造った世界遺産の二条城
世界遺産の原爆ドーム

正解は、もちろん神戸市。ＴＫＰ（環神戸パートナーシップ協定）を観光パッケージで表現してみたが、本当に日本一のアーバンリゾートと言える。食文化でも神戸ビーフ、日本最大酒蔵の灘の酒、長田のそばめしに代表される「粉もん」や神戸スイーツまであるのだから、５泊６日でも足りないくらいの一大観光地なのである。

■外国人にとって1時間の移動距離は？

前項で「約1時間で行けるところ」にあえて京都の二条城と広島の原爆ドームを入れた。神戸市民が読むと違和感があったかもしれない。が、広島県の観光の仕事をして外国人観光客がデイバッグを背負って広島に来ていたことに気づいた。世界遺産の宮島や原爆ドームに日帰りで来ていたのだ。その外国人観光客に聞いてみると、大阪や京都に長期滞在し、新幹線で1時間半程度の広島へ日帰り旅行をしていたのだ。

外国人の視点で考えると、大陸を横断することに比べれば1時間半なんて短い距離。わざわざ日本まで来ているのだから、この機会に行っておきたいと思うのは至って自然な思考だ。

そして実は我々関西人も同じ感覚を持っている。ディズニーランドに行く際に「千葉県に行く」と思ってはいない。横浜に行く際、「神奈川県に行く」と思ってもいない。どちらも、「東京に行く」際の目的地のひとつなのだ。

観光行政は行政区に縛られずに広域でパッケージ化をし、いかに面白いツアーを組めるかという「編集プロデュース」がますます重要になる。京都にも行けて、広島の世界遺産にも行ける。その中間に位置する神戸の立地の良さ、これを活かさない手はない。

■環神戸パートナーシップ協定のボトルネック

さて、ＴＫＰ（環神戸パートナーシップ協定）を進める上での障害は何だろうか？

ひとつは南北交通。神戸の東西交通はほぼ出来上がっているが、南北交通は脆弱だ。今後高齢化がますます進むと、さすがに神戸の坂はきつい。やはり社会実験をして好評だった坂バスのような南北交通バス、もしくは電気自動車（バス）、ＬＲＴも含め、再度検討する必要があるだろう。

もうひとつは交通運賃問題。複数の会社が入り乱れていることにより、初乗り運賃が上乗せされ、とにかく神戸の交通運賃は高い。東京の地下鉄は１７０円～だ。神戸市営地下鉄、ポートライナー、六甲ライナーともに運賃が２１０円～では高くて出不精になるのも仕方がない。

さらに、北神急行と神戸電鉄を乗り継ぎ、神戸市北区の山の街―三宮を往復すると１６００円以上かかる。三宮から阪急電車で京都まで行って往復１２４０円だから、その異常な料金高がわかるだろう。私は２００９年市長選挙の７つのビジョンのひとつで、「自由に行き来と交流ができる街」を提唱したが、神戸を一大観光地として再デザインするには交通インフラの再整備は不可欠だと思う。

南エリアから神戸へのアクセスは、淡路島への交通は、淡路島を未来特区として、食料自給率とエネルギー自給率を１００％以上にし、明石海峡大橋の通行料を無料化するという構想がある。それが実現すれば淡路島のタマネギも神戸がプロデュースし、アジアに売り込めばいい。

こうした交通インフラ体系もＴＫＰ（環神戸パートナーシップ協定）をベースに再設計し、市民にとっても観光客にとっても、使いやすい、乗りやすい移動網を構築するべきだ。つまり、街のグランドデザインや戦略があって、その上で交通インフラ構想を設定すべきで、そうした議論無しでＬＲＴなど各論手段の議論からスタートするべきではない。それこそ需要予測を大きく外して赤字にあえぐ地下鉄海岸線の二の舞いになってしまう可能性もあるのだ。

■ライバルは横浜！

ＴＫＰ（環神戸パートナーシップ協定）は周辺都市と連携して地域ブランディングを進め、流入人口を増やしていく戦略だが、次のステップは国内ライバル対決だ。

メジャーリーグのニューヨーク・ヤンキースとニューヨーク・メッツの試合はサブウェイシリーズ（地下鉄シリーズ）と呼ばれ、ニューヨーク市民を二分する人気試合となっている。１９９４年頃、私が福岡ドーム（現ヤフオクドーム）で仕事をしていた時は、西武ライオンズと福岡ダイエーホークス（現ソフトバンクホークス）の試合を因縁の対決と銘打って盛り上げていた。西武ライオンズがかつて、西鉄ライオンズだった時代のファンが根強く残っており、当時は地域を二分する人気を誇っていたのだ。チケットはパ・リーグの他のチームとの試合より西武戦から売り切れていった。やはり人は物語が大好きだ。

京都府が企画した観光企画の「日本三景」復活。後述するが、天橋立のリ・ブランディングをするために、イメージを再認識させるパッケージを創った。宮城県の松島、京都府の天橋立、そして広島県の宮島が日本三景と呼ばれるということは、日本ベスト3の景勝地であることを意味している。既に素晴らしい景勝地として認めてもらっているわけだから、このパッケージを使わない手はない。そしてこれを拡めるために連携したのが居酒屋チェーン大手の和民。和民には一か月200万人ものお客様が訪れており、これはもう立派なメディアだ。この和民のテーブルに日本三景の写真が並んだPOPが設置され、申し込めば抽選で日本三景への旅行券が当たるというキャンペーンを打ったのだ。

このキャンペーンにより、日本三景の認知度を再インプットしただけではなく、宮城、京都、広島の特産品メニューも提供し、食の方でも各地を楽しんでもらった。和民にとっても売上アップに繋がったので本当に双方ともにメリットのある企画となったと思う。

こうしたライバル同士が組むことで、より強いコンテンツとなる。広島県で実施した「おしい！三原タコ」企画の「明石タコとの対決」も日本1位2位のタコを競わせることで話題づくりを狙ったのだが、企画の考え方は同じである。

では、神戸のライバル対決企画はどんな事が考えられるか？

まず、港町ダービーが考えられるだろう。ヴィッセル神戸の試合では、絶対横浜Fマリノスだけには負けてはいけない。神戸市民全員でプレッシャーをかけ、この戦いだけは勝つという盛り上げが必要だ。更に横浜とは中華街対決もあるから、隔年で交互に開催都市として、春節祭で対決イベントを実施するのも面白い。

夜景対決では、日本三大夜景と言われる神戸、函館、長崎との決着をつけねばならない。これは大丈夫、きっと神戸は勝てる！

そして、酒蔵対決。日本三大酒蔵の灘、伏見（京都）、西条（広島）の酒蔵祭りは世界中の人を呼び込めるはず。広島の西条の酒祭りは2日間で20万人以上の集客を誇るイベントに成長しているが、灘五郷ならそれを超えるポテンシャルは充分だ。まだまだある。奈良、鎌倉、神戸の三大大仏。この勝負は知名度では分が悪そうだが、日本3位のポジションを不動のものにすれば神戸来訪の際に必ず立ち寄ってくれるだろう。

このように、関連分野でジャンル3位までのものをくくり直し、離れた他都市とも連携すればいくつでも人を呼び込む企画はある。実は地域にはそうした宝が山ほどあり、埋もれているだけなのだ。地元に居続けるとその良さが日常になってしまって見えなくなるので、「異邦人の眼」で見つめ直し、発見し直す作業をすれば日本はまだまだ宝の山。そして神戸ほど素晴らしい資源がある街は他にないと私は確信している。

■姉妹都市戦略の見直し

神戸市周辺都市とのパートナーシップ、国内ライバル都市対決の次は海外戦略だ。

人口減少の中、国内だけをマーケットにしても限界があるのはご存じのとおり。そこで姉妹都市戦略を見直す必要がある。姉妹都市の選定は市長の政治的利用に使われることが多いと聞いたことがあるが、神戸市の場合も港町同士など景観が似ている都市だったり、各国の3～5番目の都市と姉妹都市を結び、人材交流程度は行われていても、大きな役割を担っているとか、成果を上げたとかの実感はない。これを産業軸、文化軸、人材育成軸で見直すのだ。

神戸は既にリオ・デ・ジャネイロ、シアトル、マルセイユ、天津、バルセロナなどと姉妹都市の関係を結んでいる。このネットワークを活かして、新たな姉妹都市戦略を構築する。最近では一国一都市提携も崩れてきているので、新たな姉妹都市提携もやりやすいと思うが、一国一姉妹都市を守っている都市の場合は、姉妹都市でなく都市提携でももちろん構わない。

例えば、産業軸。神戸を代表するファッション産業の更なる成長を考えて、パリやニューヨーク、ミラノと提携する。神戸コレクションも東京を見るのではなく、世界を市場と捉えた企画にヴァージョンアップしていく。更に神戸が誇る洋菓子。組むならドイツのミュンヘン、フランスではパリと隔年で見本市を開催してもよい。世界パティシエコンテストはアジアどころか、世界コンテンツとして注目されるはず。清酒産業ならボルドーやブルゴーニュと提携しても良いだろう。スポーツ産業ならサッカーを起点にバルセロナ、野球ならシアトル、ゴルフならスコットランドの聖地セントアンドリュースと提携し、国際交流やイベントを開催し、競技人口拡大とブランド化を図る。

観光産業軸では神戸発祥の文化連携として、映画は世界三大映画祭のベネチア、ジャズはニューオーリンズと組んでいく。これこそ国際文化都市の姿だと思う。スポーツ・文化ともに、トーナメントやフェスティバルの交互開催や成績優秀者の交流試合など非常に面白いし、神戸の人材育成にもかなり効果があると思われる。神戸市大会で優勝した中学生サッカーチームがバルセロナのナンバーワン中学生チームと国際交流試合をする。そうすると自然に語学に興味を持ち、力が入るだろう。毎年のように野球やサッカーのプロ選手が海外でプレイするために海を渡るようになったが、もともと語学が得意だった選手がどれくらいいただろう？彼らは「好き」と「もっと高いレベルでプレイしたい」という純粋な気持ちで海外志向が上昇し、その必要性に駆られて語学を習得している。同じように、小学生・中学生の「好きなこと」「追い求めたいこと」を通じた国際交流が真のグローバル人材の心の根っこを育んでいくと私は思う。

■ポートピア'81を覚えていますか？

地方博ブームの火付け役「ポートピア'81」。ゴダイゴが歌った「♪ぽーとぉぴあー♪」を50歳以上の人はみんな口ずさめるのではないだろうか。

１９８１年に開催された神戸ポートアイランド博覧会は、神戸港に造られた人工島ポートアイランドにおいて3月20日から9月15日まで開催された博覧会で、「ポートピア（ＰＯＲＴＯＰＩＡ）'81」の愛称で親しまれた。メインテーマは

「新しい〝海の文化都市〟の創造」、サブテーマは「魅力ある未来都市」、「21世紀の港とくらし」、「広場としての太平洋」、「手をつなごう世界のふるさと」。期間中1610万人の入場者があり、純益60億円を記録したそうだ。会場面積は約72ha。この博覧会の成功が、1980年代後半の「地方博ブーム」の火付け役となり、神戸市が都市経営のモデルとして「株式会社神戸市」と称されるきっかけとなった。当時、世界最大となった観覧車や中国から借り受けたジャイアントパンダ2頭も公開されて人気を集めた。神戸市出展のパビリオン「神戸館」や太陽神戸銀行（現・三井住友銀行）出展の「神戸プラネタリウムシアター」が神戸市立青少年科学館として、印象的なコーヒーカップの形であった「UCCコーヒー館」もUCCコーヒー博物館として改装され、ポートライナー南公園駅前に建っている。

タイアップもゴダイゴだけでなく、大地真央さんが「ポートピア'81がやってくる／ポートピア'81音頭」をリリース、ユーミンのアルバム『昨晩お会いしましょう』の1曲目「タワーサイドメモリー」にも、ポートピアに関わる部分がある。

さらに、国鉄（現JR）がポートピアPRのテレビCMを放映したり、寅さんシリーズの映画でもセリフに使われたりと、これだけのタイアップをやってのけたのは凄いことだ。他の都市がこぞってマネしたのも無理はない。

当時、私は高校3年生、18歳。この博覧会が神戸市長を志すことになる大きなきっかけになったのだ。

■都市プロモーションの雛形となる「ポートピア2018」

東京2020オリンピック&パラリンピックが決まり、4000億円とも7000億円とも言われるお金が首都圏に注がれる。地方分権どころか、またもや東京一極集中が加速するかもしれない。

今から地方都市はそれに備えなければならない。いや、それを上手く活用する手立てが不可欠となる。ポートピア'81は地方博覧会の雛形となったが、これは高度成長期を代表する「海を埋め立てる大規模開発」いわゆるハコモノの成功例だ。

私が提唱する「ポートピア2018」は、これまで神戸市が造ってきたハコモノの上に上質のコンテンツを載せ、地元産業と連携した都市プロモーションの雛形を創り、東京オリンピックで日本を訪れる外国人が「日本に行った際には必ず神戸にも行きたい」と感じる、地元産業のブランディング・販売増につながる地場コンテンツ（産業や文化・街並みなど全ての資産）の一大プロモーションだ。だから、博覧会のように単年で終わらない。2015年から従来のイベントも磨き直し、パッケージを変え、強化し、2018年に最終型を一旦完成させ、東京2020に繋げていく。この「単年度で終わらず毎年継続する仕組み」が最も重要なのだ。全国の都市が打ち上げ花火的なイベントや博覧会を実施してきたが、その開催時は大勢の人でにぎわうのだが、翌年から閑古鳥が鳴くという例が数え切れない。その時に造った大規模建造物の使途で困ったり、遊休のままというのも枚挙にいとまがない。

また、2年に一度とか3年に一度の開催もダメ。オリンピックのような国際的行事なら国を挙げてPRをするし、マスコミも視聴率が取れるコンテンツなので毎日報道してくれる。ところが地方で行う一大イベントだと、せいぜい開始前とオープニング日、そして終了間際の良くて3回くらい地元メディアが取り上げるくらいだろう。観光客はそんな不定期な開催年を覚えていてくれない。特に外国人観光客がその開催年に合わせて来日するほどの上質のコンテンツは数少ないのが現状だ。神戸のビエンナーレも5億円かけたアートイベントだが2年に1度の開催。神戸市民ですら「いつ開催か知らない」程度の認知なので、おそらく本書を読んでいる方は初耳の人が多いのではないだろうか。

街の魅力は「いつ行っても何か魅力的なものがある、開催されている」という場の魅力と期待感を高めることだ。観光のプロによる究極のおもてなしツアーの企画が盛んだが、そのツアーが毎日催行されているか、何人がそのツアーに参加できて、年間何人のキャパシティが確保できるか、そのおもてなしはその都市の自然の生業として街に定着しているか、などの観点で持続可能な街の魅力づくりをしていかねばならない。

時代が変わり、どこの地方都市も生き残りに必死だ。その地域の資源を見直し、磨き上げ、そして情報発信という新しい都市プロモーションの型を提示するのも「神戸が果たすべき役割」だと私は思う。

そうした想いと、高度成長期のハード志向のポートピア'81をソフト志向に新しく転換する意味も込めて、あえて「ポートピア２０１８」とネーミングさせてもらったのである。

■灘のお酒とBAR文化の復活

日本三大銘醸地とは、兵庫・灘と京都・伏見、そして広島の西条。その広島県東広島市の西条では毎年10月第一土日に酒祭りが行われる。2日間で20万人以上が訪れるビッグイベントとなっている。

さて、日本のお酒のシェア40％を誇る本家本元の灘五郷が酒祭りをやったらどうなるか？私は50万人以上が訪れる日本最大の酒祭りが開催できると思う。そうした想いも、すべてはその原動力となる熱源（担い手）がいないと上手くいかないが、灘にもお酒を愛する素晴らしい方々が大勢いる。既に有志による「灘の地酒バル」という芽も出始めていた。

神戸を代表する産業だった清酒産業は、1992年に2963億円あった売上が2007年には1263億円と、4割も規模が縮小してしまった。雇用についても1992年に3444人だったのが2007年には1691人と半減している。世界では日本食がブームで、それに併せて京都も広島も日本酒を世界に売り出そうと着々と計画を進めている。清酒産業倍増計画を目標にお酒をテーマにした日本最大の文化イベントを神戸がやるべきなのだ。

そして、もうひとつのテーマはＢＡＲ。ひとりあたりのＢＡＲの数が日本一多い神戸には、かつての「神戸ハイボール」のような素敵なＢＡＲが星の数ほどある。親子代々受け継いでいる老舗から新進気鋭のＢＡＲまで、このＢＡＲ文化の復活も大きな課題だ。昨今は安い居酒屋で長時間食事をし、そのまま解散というパターンが多くなっているが、「最後にもう一軒！」をＢＡＲで締めて、ゆっくり語らう文化の復活だ。イタリアンを食べに行ったら食後酒を飲むように、神戸に来たらＢＡＲで飲んで締めて欲しい。マスターとの語らいは今まで知らなかった神戸の魅力やお酒の楽しみ方、お客様同士の素敵な出会いを演出してくれるだろう。ＢＡＲで飲むようになると、必然的に神戸で宿泊するようになる。これまで日帰り客が8割を超え、どうやって宿泊してもらうかが観光面の課題だったと思うが、１０００万ドルの神戸の夜景に加えてＢＡＲ文化を復活させるのが、観光客の宿泊数増加を図るのにも効果を生むはずだ。

■私をゴルフに連れてって！

ホイチョイプロダクションの映画「私をスキーに連れてって」が大ヒットした

のはバブル真っ只中の１９８７年。そして東京駅から上越新幹線で約75分、手ぶらで行けるスキー場「ガーラ湯沢駅」がオープンした。駅舎自体がガーラ湯沢スキー場への玄関口となっており、エントランスがある1階には温泉施設「ＳＰＡガーラの湯」、改札口がある2階にはスキー板やスノーボードのレンタルショップがあり、スキー場へは、ゴンドラリフトで結ばれている。

さて、5月24日はゴルフ発祥の記念日。１９０３年5月24日、イギリス人貿易商アーサー・Ｈ・グルーム氏によって神戸市の六甲山上に日本最初のゴルフ場が造られた。神戸はゴルフ発祥の地であるというだけでなく現在でも多くのゴルフ場を有し、お隣の三木市もゴルフ銀座と言われるくらいゴルフ場の宝庫だ。神戸電鉄粟生線の広野ゴルフ場前駅は前述のガーラ湯沢のように、駅を降りたら目の前がゴルフ場だ。広野ゴルフ倶楽部ほどは無理としても、街の中心部・三宮から地下鉄に30分間乗り、手ぶらでゴルフに行けるシーンがつくれたら素晴らしい。車がないと行きづらいゴルフは、飲酒運転の取り締まりが厳しくなって以降、プレイ後に飲んでいる人は皆無。そのうえ車を持つ若者も減ってきている。

ところが、減り続けていたゴルフ人口は約１０００万人で底を打ったようだ。

首都圏では華やかなファッションに身を包む女性ゴルファーの数も増えている。手ぶらで電車に乗って30分でゴルフ場に着き、みんなとお酒も飲める。戻ってきてもまだ15時、ファッショナブルなウェアに身を包むゴルフ合コンが若者の間で大流行という生活スタイルが神戸なら出来る気がする。ゼクシオを大ヒットさせたダンロップスポーツも地元企業として神戸に本社を構えている。新しいライフスタイルが提案でき、地元企業にも関係が深い、こういう文化施策が神戸に必要なのだ。もちろん、ゴルフ再ブームが来た時には映画発祥の地・神戸として「私をゴルフに連れてって」を製作してもいいかもしれない。

また、これはゴルフに限ったことではない。神戸発祥と言われているサッカー、ラグビー、マラソン、ボウリング、バスケットボールなど、スポーツ都市振興に着手し、スポーツ産業振興と、市民の健康増進に一役買うのも目的のひとつなのである。

■映画の街になるための3つのステップ

映画の街構想には3つのステップがある。まず最初に手掛けるのが映画料金の割引。既に映画界ではレディースデー1100円に始まり、50代以上の夫婦割引2人で2200円など多様な価格を用意している。東京では村上龍さんを中心にネット上で「14歳になった一年間を映画料金無料にし、世界の文化や考えを感じてもらおう」という政策が議論されたほど。

映画発祥の地・神戸としては、まず映画を観る人口を増やすために、いつ観ても映画料金を1100円にする。現状の神戸の劇場映画入場者は約100万人くらいだから、割引分を全額負担したとしても約2億円。その効果として、神戸で映画を観ようという人は少なくとも10%は増えるだろう。100万人×10%＝約10万人が神戸に来て、映画を観て、食事をすれば一人4000円はお金を地元に落としてくれる。地元経済効果は約4億円。もし20%観客が増えれば約8億円の経済効果となる。

2つめのステップは、映画の観客数を増やした後、劇場の初日舞台挨拶を誘致する。劇場公開初日に主演男優や女優、監督が勢揃いして、挨拶をするイベントだ。この誘致費用を行政が補助し、毎週末神戸のどこかの劇場で舞台挨拶が行われている状態を作り出す。当然スター目当ての観客も更に増えるだろう。おそらく金曜日の夜は、前泊で来た映画スターが三宮で飲食をし、街の景色に色を添えてくれるのは間違いない。

3つめは、いよいよ映画祭。世界3大映画祭のカンヌ国際映画祭のように、メイン会場は海の近く。須磨海岸か舞子海岸（アジュール舞子）が良いだろう。出品作品のブースが所狭しと並び、コンベンションホールでは映画作品の売買商談が行われる。市内のすべての劇場で出品作品を見ることができ、世界の映画人が神戸にやって来る。彼らは世界的に有名な神戸ビーフを味わい、灘のお酒を飲み、日本最古の温泉である有馬温泉で疲れを取る。神戸には先端医療産業によって世界の富裕層を集めるという計画もあるが、病気を直すために集まる富裕層だけでなく、世界で有名な芸能界の富裕層が集まるのも良いと思うのだが、いかがだろうか？

この3つのステップで、神戸は名実ともに日本の中で東京に匹敵する、いや東京をも凌ぐ映画の街になる。

■アパレル・真珠・洋菓子・ケミカルシューズを再成長させる「恋の街・神戸」

次の注力産業は真珠と洋菓子、ファッション産業だ。図表6を見てほしい。洋菓子産業は1992年1678億円規模から2007年2063億円と約23％増、アパレル産業は6000億円から6690億円と11％増、ところが、一時は国内シェアが8割あった真珠産業が1669億円から866億円と40％減、同じく国内シェアが8割あったケミカルシューズ産業は715億円から494億円と30％減少している。

　こうした産業の再成長戦略が「恋の街・神戸」構想。突然軽いトーンになったと感じるかもしれないが、少子化解消に向けて既に地方自治体は出生率を上げるために、婚活イベントまで実施して結婚する人を増やそうとやっきに

（図表6）　主要ファッション産業の売上高

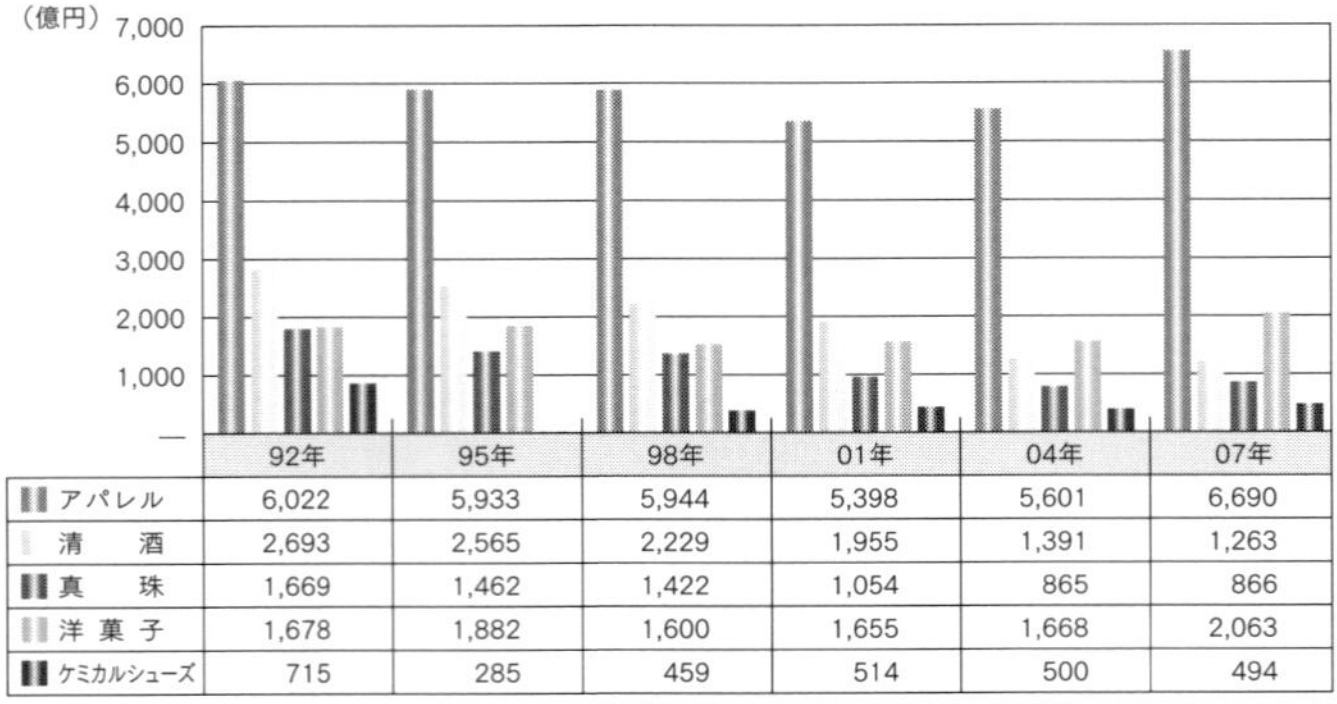

	92年	95年	98年	01年	04年	07年
アパレル	6,022	5,933	5,944	5,398	5,601	6,690
清　酒	2,693	2,565	2,229	1,955	1,391	1,263
真　珠	1,669	1,462	1,422	1,054	865	866
洋菓子	1,678	1,882	1,600	1,655	1,668	2,063
ケミカルシューズ	715	285	459	514	500	494

出所）アパレル：帝国データバンク、東京商エリサーチ
清酒：灘五郷酒蔵組合　真珠：帝国データバンク、東京商エリサーチ
洋菓子：帝国データバンク、東京商エリサーチ　ケミカルシューズ：日本ケミカルシューズ工業組合

なっている。

思い出してほしい。もともと神戸は恋する街として優位性を持っていたはず。出会いの街でもあり、デートする街でもあった。これまで書いてきたような国際文化都市としての施策が充実すれば、再び「デートするなら神戸」を定着させることは可能だろう。そしておしゃれをするためにファッションにお金を使い、二人で珈琲を飲み、映画を観て、食事は神戸ビーフや瀬戸内の海の幸、食後は神戸スイーツを食べる。無事ゴールインしたならば、海の見えるホテルで結婚式をあげてもよし、異人館でレストランウエディングもよし、六甲山などの避暑地でリゾートウエディングも出来るし、港で船上パーティも出来る。結婚式には大勢のお客様が市外から神戸空港や新幹線を使って駆けつけてくれる。もちろんお祝いの席なので真珠のネックレスを着けて、パーティドレスで身を包み、綺麗な靴を履く。乾杯は日本酒。披露宴でも神戸ビーフや瀬戸内の海の幸、神戸スイーツに舌鼓を打つ。こうしたスタイルが定着すればアジアの観光客の中からも「アーバンリゾート婚（海外ウエディング）を神戸で」という人も増えてくるだろう。ここの仕掛けの最終目的は瀬戸内の食文化でアジア25億人の食を満たすこと。ここに神戸の食産業の大きな成長可能性が存在するのだ。

神戸は生活文化産業の基盤が充実しているからこそ、国際文化都市というビジョンで街づくりを推し進めることが出来、関連産業の成長の後押しにもなるわけだ。そしてそこには産業を支える人材が既に豊富に存在しており、文化が根づいているので、他の都市の「取ってつけたような施策」に負けるはずがない。前章でその町の歴史を大切にするべきと書いたが、やはり都市ごとに進むべき道は違う。こうした文化施策は神戸だからこそ実現すると私は思う。**神戸は生きるための遊学働ではなく、生活を楽しむための遊学働が似合うし、それを支える産業が素晴らしい街の資産なのである。**

こうした地元産業の再振興を狙いとしたプロモーション計画が前述の「ポートピア２０１８」。毎年２つか３つの産業をテーマに、プロモーションイベントを仕掛け、定期化し、扱う産業分野を増やしていけば、２０１８年には12の地元産業関連文化イベントが勢揃いし、「神戸はいつ訪れても楽しい！毎月がフェスティバル」となる。これまで造ってきたハードウェアの上に、神戸らしい生活文化産業のソフトウェアを載せ、日本一豊かな国際文化都市を完成させるのだ。

■三宮再開発は緑と文化施設の「神戸版セントラルパーク」

マスコミの既報によると、ＪＲ西日本が三ノ宮駅ビルを高さ１６０ｍ前後の複合商業ビルに建て替えるとのこと。総事業費約４００億円、駅南側の広場を利用し、２０２１年度完成予定だそうだ。

阪急阪神ホールディングスも阪急神戸三宮駅にホテルや商業施設、オフィスを備えた複合高層ビルを建設、高さ１００ｍ以上の高層化を予定しているが、着工時期や外観などは未定とのこと。出来れば、２０２０年の東京オリンピックの前に完成してもらえるよう協議を進めてもらいたいが、神戸の景観を壊さず、自然と街並みが融合した神戸らしいデザインで、「神戸版セントラルパーク」と連動した街並み形成を是非お願いしたいものだ。

私が考えた神戸版セントラルパーク構想は、市役所の一部機能移転によって空いた一等地を中心に、緑あふれる空間に、低層の文化施設、教育機関のサテライトキャンパスのようなものが望ましいと思っている。市民の憩いの場であり、都市の自然回帰のシンボリックな存在として、また神戸の歴史や文化の集積地であり、世界に向けての情報発信拠点になるような構想を具現化していきたいと考えている。

さらに、新神戸から三宮駅前、市役所周辺を通り、ＫＩＩＴＯ、みなとの森公園、海へと続く「都市の中の文化と森」が神戸版セントラルパーク構想のコンセプトだ。自然回帰&低層だからハコモノのように大きなお金は必要ない。フラワーロードを本当に花で溢れた「フラワーロード」にすることから始め、歩くのが楽しくなる仕掛けをあちらこちらに散りばめる。現市長の三宮再開発プランは、選挙時の報道で「都心再整備では夢のある大きなビジョンを描く。デザイン都市らしい景観にと主張。具体像は示さなかったが、事業規模は何百億円ということはない。数千億円のオーダーになる」と書かれていた。候補者による公開討論会で私は「コンクリート系ですか？」と質問したが、それについての答えはもらえなかった。大きな予算なので、具体像と目的・目標・戦略を明確にして進めるという当たり前のプロセスを踏まないと地下鉄海岸線の二の舞になると危惧する。また、三宮一極投資だけではなく、他地区の街づくりも視野に入れた都市計画を行うべきだと私は思っている。

■観光戦略　3本の矢

大阪、京都に置いていかれた感のある神戸の観光戦略。観光客を1000万人増加させ、大阪、京都に追いつき、もう一度「三都物語」を数字の面でも実現するために、どのようにアプローチするべきかを、3つの角度で整理してみた。題して、観光戦略3本の矢。

1本目の矢は、121ページに書いたTKP（環神戸パートナーシップ協定）。売れるコンテンツを神戸に限定せずに、広域で観光コンテンツを捉えることでラインナップを揃え、増やすという狙いだ。同じ兵庫県の中でも様々に違った魅力のある他の都市を巻き込みながら、神戸がそのハブとして各地の魅力を引き出していくような観光産業・市場の創出戦略だ。明石のタコ、神々がつくり出した最初の島という国生み伝説が残る沼島（淡路島）、世界遺産の姫路城、播州織や豊岡のカバンなど、神戸の近隣都市には数多くの観光資源や産業がある。その底力を引き出し、交通網の整理をして、神戸のブランド力との相乗効果で各都市の情報をより効果的に発信していく。このことで神戸を中心とした、しかも主従ではない互恵的な広域経済圏ができあがる。

2本目の矢は、133ページに書いた姉妹都市戦略の見直し。神戸市が産業連関する海外の都市と提携することで今あるコンテンツのバリューアップを図る戦略だ。ケミカルシューズ＋海外デザインや、有名ソムリエが認めた灘の酒など、いわゆる「意味付け」「ストーリー付け」施策である。

日本の人口がどんどん減少していく中、神戸は「真の国際都市」として生まれ変わらなければならない。現在はリオ・デ・ジャネイロ、シアトル、マルセイユ、天津、バルセロナなどと姉妹都市協定を結んでいるが、「港がある」「景観が似ている」という程度で、お互いの文化やコンテンツをうまく観光や経済活動に結びつけられていない。これらの姉妹都市の特色をきちんと理解し、神戸の産業・コンテンツとのコラボレーションを考え、お互いのバリューアップを図っていくべきだ。

それ以外にも例えばファッションの中心地であるパリ、ニューヨーク、ミラノといった都市とはプロジェクト型提携をしても良い。お酒やシューズなど神戸がもともと強い資産を使い、国際化時代に相応しい新たなブランドを創出し、世界のマーケットに「ＫＯＢＥ」を印象づけるのもひとつの戦略だろう。

3本目の矢が、「ポートピア２０１８」。1本目の矢でコンテンツの数を増やし、

2本目の矢でバリューアップを図ったあと、そのプロモーションのコンセプトを決め、パッケージを創るのが3本目の矢だ。

この施策の重要な点は編集作業とメディア戦略だが、世の中の流れとしてコンテンツ主導型のプロモーションを展開し、神戸ブランドを確固たるものにしたい。これまでに行政が作ってきたハコモノを活用して年間12テーマの地場産業連携PRイベントを開催する。2020年に東京オリンピック&パラリンピックが開催されるが、そのおこぼれを待っているだけでは地方都市に未来はない。神戸の魅力をオリンピック開催年より前にきちんと整備し、それを効果的に発信していくことで、神戸を「わざわざ行きたい街」にしておくことが重要なのだ。このシナリオに地元のキーマン＝いわゆる熱源をキャスティングし、化学反応を起こすプロフェッショナル＝外国人助っ人（本当の外国人ではなく、神戸以外から集まるプロフェッショナルという意味）をミックスすれば成功間違いないだろう。

4 放置されてきた問題の解決

■毎年60億円の赤字を出している地下鉄海岸線

2013年当時の久元副市長（現神戸市長）が「市役所でのこれまでの取り組みは、十分とは言えません。私が副市長をしていたときも、海岸線に関して、抜本的な乗客増対策についての庁内会議が開かれたことはありませんでした。先輩たちが残した大きな市政課題であるにも関わらず、根本的な問題解決策が見当たらないので、誰も触れたがらないような雰囲気が見られたことは残念でした。」とブログに書かれていた。私はこの問題を解決するために地下鉄西神線の民営化、そして株式売却をするべきだと考えた。本案件は議会でも議論されたが、2013年夏の市役所当局の「出来ない理由」は以下のようなものだった。

地下鉄の単年度収支は、西神山手線が約52億円の黒字、海岸線が約60億円の赤字、全体で約8億円の赤字です。

企業債残高は、西神山手線分が約600億円、海岸線分が約1360億円、全体で、約1960億円、おおざっぱに、約2000億円です。

西神山手線を売却して民営化するとしますと、西神山手線の企業価値は、約1200億円程度と見込まれます。

仮に、売却しても800億円の債務が残ります。

一方、海岸線は、単年度の赤字が60億円、企業価値もマイナスで、引き受け手が現れることはあり得ず、売却は不可能です。

仮に、西神山手線を売却できたとしても、海岸線単独では、800億円の債務償還の目処がたたず、この債務償還をしながら、事業を継続するためには、大幅に値上げをするか、最低毎年15億円程度の市税投入による市民負担が必要になります。

仮に、乗客数の増加で賄おうとすると、現行の3倍以上の乗客（4万人→13万人）が必要であり、これは現実的ではありません。

これを、ひとつずつ考えていこう。まず、この答弁には支払金利の観点が抜け

落ちている。両線で年約42億円の金利支払いが発生しているが、１２００億円で売却すると、約26億円の支払い金利が削減出来る。年15億円の市税投入（ランニング赤字5億円＋債務償還10億円）が必要になると答弁しているが、金利削減分だけでもお釣りがくる。

次に、海岸線には現在年約22億円の補助金が投入されている。西神線を売却すると15億円の市民負担が必要になると書かれているが、売却しない場合でも毎年22億円の補助金が投入されているので、売却すれば7億円も市民負担が減少するわけだ。

3つめのポイントは、「ランニング収支で5億円の赤字」はあくまで現在の乗客数の前提だ。久元神戸市長は「需要喚起により両線8億円の赤字が解消できる」と公言していたので、ランニング収支5億円の赤字解消は逆に楽なはず。

私も需要喚起による乗客数増については、新長田への市役所一部移転（１６６ページ）、ノエビアスタジアム活性化（１５８ページ）、中央卸売市場&兵庫津プロジェクト、三宮再開発プロジェクト（１４９ページ）、沿線への企業誘致をもって乗客増加を図れば可能な数字だと思う。

４つめは、運輸収入以外の収入増を忘れている。運輸収入以外とは広告売上や物販飲食、テナント収入などだ。地下鉄西神線の「その他収入」は20億円、海岸線の「その他収入」は１・６億円。当然、乗客増が図れれば、「その他収入」も増加する。また民間企業が取り組んでいる駅ナカ事業などを推進すれば更なる増収が見込めるのは間違いない。地下鉄西神線の「その他収入」20億円についても、民営化すれば更に増収を見込めるだろう。

５つめは、売却額。地下鉄西神線の売却額を１２００億円と仮定したが、上振れもある。４つめの収入増で書いたように、地下鉄西神線を民営化することで、広告事業、駅ナカ事業の利益は市役所経営時代より大きくなる可能性が高い。国鉄はＪＲになり、経営体質が変わり、収益力が格段に変わった。更に私鉄各社の平均給与より高い今の人件費（平均年収は１０００万円）が民間企業並になれば約10億円の利益増が見込め、売却額は当局の計算でも１２０億円は増加するだろう。更にここでも数億円の金利削減が生まれる。またこの政策を発表した２０１３年夏は現在のように株価が高騰する前だ。アベノミクスにより株価が上がった今なら１２００億円どころか１８００億円〜２０００億円で売却できる可能性もあり、残債ゼロになるかもしれない。地下鉄西神線の民営化、株式売却は、充分実現可能な政策だ。要するに、出来ない理由を考えるか、実現するための方法を考えるか、の違いなのだ。

こうした民営化議論をすると、リストライメージがあり職員の反対が大きいのだが、私は職員にとってマイナスばかりとは思わない。民営化・株式売却によって転籍する方がどのくらいの人数になるかによるが、市役所に残ることを希望する方は職種は変わるが新しい仕事で活躍してもらえば良い。電電公社がNTTになる時も、国鉄がJRになる時も転籍して民営化後の会社で大活躍している人も多くいる。市民のために挑戦し、勝負するかどうかは本人の判断。そして、私自身、過去に多くのM&Aを手掛けてきたが、残る人、行く人それぞれが幸せになるようにするのがトップの役割だと思っている。

■海岸線の需要喚起による乗客数増加

私がかつてイベントプロデュースをしていた福岡ドーム（現ヤフオクドーム）は、建設費500億円（自己負担280億円）、年間集客数は初年度900万人（3

万６０００人／日）、稼働日数２５０日以上（稼働率70％超）だった。一方、神戸にあるノエビアスタジアムは建設費２３０億円、年間集客数33万人（３７００人／日）、稼働日数90日（稼働25％）。

海岸線の年間赤字額は年60億円。年間乗客数は１８４５万人（９００万人往復）、売上約18億円だ（西神線の乗客数は１億８０００万人）。乗客数が１０００万人増えると約10億円利益が増える計算だ。当時の福岡ドーム並とは言わないが、スタジアムの稼働率を高め、１万人／日×２００日＝２００万人程度の集客数を実現すると、ノエビアスタジアム効果だけで地下鉄海岸線の乗客数は往復で（２００万人―33万人）×２＝３３４万人増える計算となる。約３億円の増収だ。

次に新長田への市役所一部移転。仮に３０００人を新長田勤務にすると、全職員が地下鉄海岸線を使うわけではないが３分の１の１０００人が通勤で使い、この第二市役所へ訪問する関係者や市民を含めると乗降客数はもっと増えるだろう。一日１０００人の往復×３００日＝60万人の乗客増、６０００万円増収となる。

このようにして、新長田への市役所一部移転、ノエビアスタジアムの稼働率アップ、さらには兵庫の津・平清盛の街起こし、中央市場の再活性化、ｕｍｉｅとアンパンマンミュージアムで活気が出ているハーバーランド、三宮再開発プロジェクトが実を結ぶと、地下鉄海岸線沿線の賑わいが点から線となり、年5億円〜10億円の乗客収入増は達成可能となってくるのである。

■神戸電鉄粟生線と京都丹後鉄道の取り組み方は何が違うか？

ご存じ神戸電鉄粟生線は赤字額が10年連続で10億円を超え、利用促進策への国の補助も２０１１年度で打ち切られることを受け、廃線の話も出ている。だが、兵庫県と神戸市が２０１２年度から5年間無利子で40億円を貸し付け、その間に神戸電鉄にコスト削減などの経営努力も求めながら２０１６年度までに全線の黒字化を促すと発表した。

２０１２年2月25日から平日昼間と土休日に使用可能な「粟生線〜三宮 平日昼間&土休日お得きっぷ」を発売し始めた。いわゆる値下げ戦略だが、一方で神姫バスも平日昼間と土休日に使用可能なチャージ金額が１・３倍（プレミア＋30％）となる徳用NicoPaを設定している。この施策の成果がどのようになるか注目すべきところだ。

一方、京都丹後鉄道（2015年4月に北近畿タンゴ鉄道から名称変更）も年間8億円の赤字を出す路線。私が京都府の非常勤参与をするきっかけとなったのもこの再建案の提案だった。それまで提案されていたのは、人員削減や運行本数削減等の様々なコストカット施策。その行きつく先は、メンテナンス不足による事故など安心をゆるがす恐れと、サービスの低下による更なる乗客離れ。もちろん鉄道マニアを狙った企画列車も良いのだが、やはりその使命は乗客を目的地に運ぶこと。地域資源の掘り起こしによって、「行きたい場所」を創り、乗客を増やしていかないと、いつまで経っても「行政の補助金がないと生きていけません」から抜け出せない。

そこで着目されているのが日本三景である天橋立。股の下から逆さに見ると、龍が天に昇っているように見えたり、地上と天国をつなぐ架け橋に見える。もともと天橋立の持っている価値は素晴らしいのだが、現代において少し良さが劣化してきているので、これを磨き直そうと考えた。私の周りで取材してみても、「子どもの頃、親に連れていってもらったけど、自分が親になって子どもを連れて行ってない」とか、首都圏では天橋立が京都府にあることすら知らない人も結構いる。

そこで、天橋立や伊根の舟屋を観光資源としてスポットライトを当て、「海の京都」として定期外収入を増やしていこうとしているのが「もうひとつの京都」観光キャンペーンだ。世界的バイオリニストの葉加瀬太郎さんに組曲「もうひとつの京都」を作曲してもらい、プロモーション映像を制作、駅のBGMとしても活用し、地域を盛り上げている。その楽譜を中・高校の吹奏楽部に提供する事も始まった。

更に、鉄道デザインの第一人者である水戸岡鋭治氏に「あかまつ」「あおまつ」「くろまつ」という素晴らしい列車をデザインしてもらった。運営についても上下分離を実施し、鉄道運営は民間企業の高速バス事業で急成長を遂げているウィラーアライアンス社が経営を担っていくことになった。地域資源の掘り起こしによる地域の活性化と赤字鉄道の経営改善。こうした抜本的な改革案が神戸電鉄粟生線にも求められていると思う。

■医療産業都市から健康長寿都市へ

２８０社超の企業誘致が進み、一見順調そうに見えてきた先端医療都市構想。ただ一部ではその成果に疑問の声もあがっている、過去１０００億円超の資金を使いながら生み出した雇用は6600人。平均すると1社あたり約20人だ。ちなみに神戸とも縁の深い三木谷浩史氏が経営する楽天株式会社は1社で従業員1万1000人を超えている。1000億円もの投資ならもっと多くの雇用増を求めたいところだ。

さらに、研究機関が多いため法人からの税収が大きく増えたわけではない。本来はそこで生まれる新薬や医療機器を生産する工場誘致が成功し、そこが稼ぎ出す収入からの税収を期待したいところだが、研究機関は短期で成果を追いかけるとSTAP細胞問題のように歪みが出てくる。時間をかけて取り組むべきテーマだ。検査認定をする独立行政法人医薬品医療機器総合機構（PMDA）も薬事戦略相談連携センターは神戸に出来たが、PMDA関西支部はグランフロント大阪に持っていかれた。回収に時間がかかる研究開発分野の誘致の投資に市税を注ぎ込み、収穫部分を大阪に取っていかれては神戸市民はたまったものではない。

そして、神戸市民がいち早く先端医療を受けられるようになったかというと、その恩恵は少ない。海上島に医療機関を集めることにより市民の利便性は下がる。災害などの対策を考えると、不慮の事態には使いたくても使えないしろものになってしまう可能性が高い。さらには追い打ちをかけるようなＳＴＡＰ細胞問題による理化学研究所の信用失墜だ。

海外の富裕層を呼び込む医療ツーリズムで稼ぐにも、ハンガリーやシンガポール、タイなどに比べて日本はかなり出遅れていると言わざるをえない。

アジア地域で先進医療を売りにしているシンガポールは、世界中から優れた医薬品関係者を誘致して作ったバイオパークなどの環境整備を背景に、10年以上前からインドネシアやブルネイの富裕層を中心に医療サービスを提供。２００３年頃から政府主導で１億３５００万円を投入し、積極的なプロモーションを展開。中国の大手旅行代理店とタイアップして、中国の富裕層向けに人間ドックを組み込んだパッケージツアーを売り出すなどの工夫を凝らしている。マレーシアも貿易開発公社（ＭＡＴＲＡＤＥ）や観光庁の主導で、中国、インドネシア、ミャンマー、ベトナムおよび中近東諸国に対して積極的なプロモーション活動を展開し、一般医療のほか、歯科、美容整形など幅広い選択肢を用意しており、先行するシンガポールと比べて安価なサービスを提供している。

また、外国人患者が医療機関を受診する際の言語障壁に対する課題も大きい。

健康や命にかかわり、時には医療過誤などの訴訟につながる可能性もあるため、医療用語の正確な翻訳・通訳は不可欠。また外国人患者が先端医療を受け、肝心の地域医療が深刻な医師不足や看護職員不足にならないかという問題も懸念される。幸い、国が医療ツーリズムに力を入れる方針もあり、神戸も本気でやるなら環境整備をしっかりして人と予算を集中投下して勝ちに行く戦略が必要となる。

こうした状況を踏まえ、一度整理して政策目標を練り直した方が良い。地元にはシスメックスという売上3300億円にも達する超優良医療企業が本社を構えている。産業軸での医療はシスメックスの事業展開を後押しし、周辺産業を育てていくのが良いだろう。同社は2014年6月には加古川市に機器生産基幹工場「アイスクエア」をオープン、合わせてシスメックスRA、シスメックスメディカの2工場を拡張し、生産能力を約3倍に増強しているが、こうした工場こそ補助金を出してでも神戸市に誘致すべきだ。

さらに、医療ツーリズムを促進すると同時に、地域医療の充実を核に、超高齢化する国内医療の総本山を目指せばよい。長期滞在型で、病後医療、リハビリまで完備できている都市を目指すのだ。言い換えると、これまでは先端医療「産業」

都市を目指してきたが、先端医療「健康長寿」都市に目標を修正するのである。日本国民は神戸で最高の医療を受けられる、神戸に住んでいる人は長寿である、だから海外の人も神戸で治療を受けたがる、そんな都市像をつくるのだ。あくまでも都市が推進するのはそこに住む市民のために貢献すること。国家間競争のための産業競争なら国のお金で推進すべきなのである。

■震災復興の総仕上げ政策〜新長田への市役所一部移転〜

これまで何度もマスコミ報道されてきたハコモノ復興の失敗で、新長田の「アスタくにづか」は神戸市の保留床の3分の1くらいが空き床のままだ。いわゆるシャッター通り。これを埋めるために神戸市が破格の安値で賃貸していた。そうすると民間企業が保有する床も同じ価格でないと借り手がつかない。しかも、もともと居た所有者は震災後、自分たちでお金をかけて内装し、店舗営業を再開してきたわけだが、神戸市は外からの店舗を呼び込むために300万円〜500万円くらいの内装費や移転費などの補助金を出していた。震災の影響で今も苦しんでいる地元商店の方々が、売れない、貸せない、管理費は高いという三重苦に苦しみ、外向けばかりを優遇する神戸市と大もめにもめていたのだ。

まだ震災復興が終わってない新長田の苦しみから何を反省し、学ぶべきかを整理し、今後の東日本大震災の復興の参考になるようにと、この問題を扱った番組がＮＨＫ教育テレビで放送されたが、私は神戸市が責任を持って解決すべき問題だと思う。だからこそ、まずは市役所の一部機能を移転し、人の流れをつくるべきだと考えた。移転によって空き床が埋まり、職員が毎日通勤し、そこに仕事や手続きで人が来る。定常的な人の流れができるわけだ。「鉄人28号」のようなモニュメントや街を盛り上げるイベントももちろん大事だが、コンスタントに人が行き交う効果の方がより大きいのである。街のエンジンである流入人口を増やすには「遊学働」の切り口で神戸の人の流れを作り直さなければならない。観光施策は「遊」にあたるが、この市役所一部移転は「働」の施策。一般的に企業誘致する場合の意思決定は企業側にあるが、市役所一部移転は自分たちの意思決定と議会承認で決められる。まずはここから始めるのがスピード感を持って進められると私は思う。

また、これは単なる新長田問題だけの解決策ではない。前述のように年間60億円も赤字を垂れ流している地下鉄海岸線の乗客数増加も見込める。さらに、今の市役所は200億円以上かけて建設され、三宮の一等地を占有するのは土地の使い方としてももったいない。三宮のど真ん中は民間の力を借りて、もっと人を集める地域開発をするべきだ。ただ、大阪と神戸は都市の持つ資源や背景が違うので、グランフロント大阪のような高層ビル群を建築して同じ土俵で勝負しても勝てないし、神戸らしくない。やはり神戸は「海があって、山があって」。大都市でありながら、自然と近く、景観を楽しめる都市であるべきだ。それが私の149ページで述べた「三宮再開発～神戸版セントラルパーク構想」である。

■神戸空港問題を考える

いまだに廃港論が後を絶たず、空港島の空き地問題が市の財政を苦しめている神戸空港。せっかく造ったのだから活用すべきという論者も多いが、ではどう活用するかというと、24時間空港にして国際便を飛ばすとか、米軍基地にするなどの案が酒の席では語られている。現実には国の肝入りの関西国際空港が伊丹空港と一体経営化し、既に24時間空港となっている今、神戸空港を24時間にするのはハードルが非常に高いだろう。出来ることはせいぜい発着枠と時間の延長くらいではないか。また国際便も神戸空港の滑走路の長さ2400mではアジア便しか飛ばせない。LCC（格安航空会社）の参入も関空に遅れを取っており、LCC側が神戸空港に降りるメリットを経営的にも感じないだろう。スカイマークの民事再生法申請もかなりの不安材料だ。

私の提案はSEA&AIR戦略である。

他都市にはあまり無い空港と港の近さを利用した一大物流拠点とするのである。航空貨物は収益的にも人を運ぶよりもかなり有望である。封筒でも3000円、1kgくらいの荷物なら送付国によって1万円～3万円くらいする。航空運賃がデフレの中、大人一人（約50kg）の料金はエコノミーなら往復5万円～10万円である。仮に1kgの荷物を50個載せて運ぶと50万円の売上になるのが航空貨物で、売上5万円にしかならないのが人の輸送なのだ。軽いものを空から運び入れ、空港島で完成品に組み立て、船で運び出す。または食料品などを船で輸入し、空港島で加工し空から輸出する。空港島はSEA&AIRにおける加工・組立・物流倉庫の基地とするのである。

経済産業省が２０１４年8月に発表した『電子商取引に関する市場調査』によると、２０１３年の日本のＢｔｏＣ-ｅコマース市場は前年比17・４％増の11兆１６６０億円に成長し、全商取引に占めるｅコマース化率は３・67％だった。この市場規模が東京オリンピックが開かれる5年後の２０２０年には約20兆円台、ｅコマース化率も6～7％にまで倍増すると想定されている。このＢｔｏＣ-ｅコマース市場のうち、楽天市場のｅコマース流通総額は２０１３年で約１・８兆円、アマゾンジャパンは１・４兆円程度、そのほかヤフー！ショッピングの３２27億円（２０１４年3月期）と推定されている。

楽天株式会社は既に２０１３年に兵庫県川西市に新たな物流拠点を開設した。この川西市は大阪市中心部から15㎞の圏内。立地は、名神高速道路の尼崎インターチェンジから約8・５㎞、大阪国際空港（伊丹）から約5・５㎞の場所である。延床面積は約7万７５７６平方メートル（約2万３４６６坪）。これにより、西日本地域への配送リードタイムが短縮化されている。楽天は２０１０年に千葉県市川市で物流拠点を開設しており、楽天市場に出店する複数店舗の商品を一括購入できる「楽天24」や、独自の書籍通販サービス「楽天ブックス」の商品を取り扱っている。そして2014年に入り、衣料専門店「ユニクロ」を運営するファーストリテイリングと大和ハウス工業はユニクロ向けの物流を担う共同出資会社を設立すると発表した。東京・有明に物流倉庫を2016年1月から設置することで、ユニクロの商品をインターネットで注文すると、首都圏の一部では当日中に配達できるようになるという。総事業費は約650億円。両社は今後、全国10カ所程度に物流拠点を設け、当日配達できる地域を広げていく予定だ。これからまだまだ成長するeコマース市場、それは海外へもeコマース市場を拡大していくだろう。手を打つのが少し遅い感はあるものの、市場の成長を考えるとまだ間に合うはず。神戸空港と港を連携させた西日本最大の物流拠点にする戦略を是非進めてもらいたい。

5 神戸の都市ビジョンと改革の方向性

これまで神戸市の歴史的背景、そこに住む人、自然、特性、気風、地場産業、周辺都市との違い、日本全体における役割など様々な角度から神戸市のビジョン策定に関して考え方を整理し、例を示してきた。そうしたことを踏まえて私が考える神戸の都市ビジョンを最後にまとめたいと思う。

「第三の開港へ」

第一は、平清盛による大輪田泊、
第二は、明治政府による神戸港、
第三の開港は、神戸市民による人心と統治機構の開港であり、
神戸が再び、人と文化と情報の港を開くことである。

「5つの改革方針」

1．市民が主役の街づくり

市長が経営感覚を持って都市経営を行い、お役所主導の行政ではなく、ましてや一部の既得権者だけの意見を聞くのではなく、NPOなど新しい公共が芽生え、市民の声を集約した本当の意味での「市民が主役」となる街づくりを実現する。

2．世界と交流する神戸ハイカラ文化を今一度開花させる。

海と山に囲まれた素晴らしい自然景観の再生・保護、異国情緒あふれる街並みや洗練されたデザインの後押し、さらには産業連携を意識した姉妹都市ネットワークを見直し、かつてのハイカラ文化を開花させる。

3．市役所保有の既得権を民間に開放し、経済成長に舵を切る。

外郭団体はゼロベースで見直し。但し一律廃止ではなく、赤字でも行政がやるべきこと、長期投資になる戦略分野は積極的に活用する。必要な専門人材は再雇用するが、現状のような8割が天下るようなお手盛り人事は原則廃止。その既得権を民間セクターの事業機会として大きな成長を遂げてもらい、雇用の拡大、賃金の上昇を生み出していく。

4．保守的になりつつある街に、「進取の気風」を取り戻す。

人と情報が集まる仕組み作り。港町・神戸がもともと持っていた、新しい人やモノ・文化を受け入れ、吸収していく進取の気風を取り戻し、国際文化都市として世界を繋ぐ人材を育成する。若者の国際他流試合を促進し、様々な地域の人材が混じり合うように、外国人受け入れ・地方出身者受け入れ、神戸出身者の出戻り促進などを強力に推し進める。

5. 少子高齢化社会の新しい都市モデルの扉を開く。

シニア世代が公共セクターと民間セクターを繋ぐ地域社会の担い手となり、やりがいを持って仕事と地域で活躍してもらう。失われたコミュニティの再生を果たし、従来のような「上を向き、いつも急いでいるばかりのライフスタイル」から、タイムリッチ（可処分時間）、マネーリッチ（可処分所得）、フレンドリッチ（情・絆）の向上と文化的な生活を楽しめる「人口密度を意識したコンパクトシティ（低い暮らし）」を新しい都市の形として定着させる。

「8つのビジョン」

①国際文化都市として日本をリードする街（神戸ハイカラ文化の再生）
②自然と共生し、命を守る街（自然と景観を守り、震災の教訓を伝え、いじめや

虐待のない人に優しい地域）
③進取の気風を持つ神戸っ子が育つ街（国際社会で役立つ次世代人材作り）
④裕ちゃん&ルリ子さん世代が輝く街（シニアが元気に活躍する社会）
⑤はじめてのおつかいが出来る街（地域コミュニティの再生とお互いを見守る安心な地域）
⑥自然エネルギーで暮らせる街(自然エネルギー比率の向上を市民全員で目指す)
⑦自由に行き来と交流が出来る街（400万人経済圏を作る交通インフラの最適化と運賃値下げ&利用促進）
⑧地産地消で暮らせる街（400万人経済圏をベースにした地産地消の実現。そして神戸ブランドの復活による地産したものを国内消費だけでなく、アジア25億人の食市場を取りにいく）

エピローグ

現実＋戦略＝ビジョン≒夢

これまでブログなどに書いてきたものを再整理・加筆修正し、私が考える人口減少時代の都市ビジョンを思うままにまとめてみた。ビジョンそのものや、その構築の考え方などは比較的長期で使えると思うが、ビジョンへ到達するための都市戦略はその都市を取り巻く要因の変化によって刻々と変わっていく。だから具体的な戦略事例はあっという間に古くなってしまうかもしれないし、他都市に先を越されてしまうかもしれないことをご容赦いただきたい。

特に第四章は私の神戸愛が加わり、少し想いが入り過ぎたかもしれない。それを神戸市長選挙時には「空想」とか「夢物語」と片づける人もいた。しかし、よく考えてみてほしい。ビジョンはいつも誰かの「夢」や「空想」から始まり、それを実現するために「現実」と「夢」のギャップを埋めていくのが戦略なのだ。つまり、「夢」が無ければ何も実現しないのである。

最近、「住みたい都市ナンバー1」として話題のアメリカ・オレゴン州のポートランドは40年かけて市長と市民が設定した都市ビジョンを実現していったと聞いている。私がひとつの絵を提案したことで、誰かの想いが創発され、そしてまた別の人のアイデアが加わり、大きな都市の未来が描かれていく。その一筆一筆の市民の加筆があって、本当に市民が望む神戸の都市ビジョンが見えてくるだろう。

もちろん、都市ビジョンが描けてもその時点では絵に描いた餅だ。すべては「総花的ではなく集中的」に実施しないと、少ない財源で大きな成果は生めない。さらに「取捨選択ではなく、優先順位をつける」ことが重要だ。捨てるのではなく、手掛ける順番を決めるのだ。また、他地域の成功例をマネするのではなく、その都市が持つ強みや人材、企業、歴史を活かす戦略でなくてはならない。更には、社会の流れに乗っかった「取ってつけた政策」ではなく、地域が持つ強みを活かした持続可能なプランであり、将来的には行政が関与せずとも自立して成長でき、進化できる仕組みを作る必要がある。その手法として、大阪が先行しているＢＩＤ（Business Improvement District：都心の再都市化）などの民間活用も重要だろう。

加えて、市民サービスの向上を図り、声をより集めるためにも区役所への予算・権限委譲を進めるべきだ。場合によっては区長公募なども実施する必要があるだろう。役所の組織も人事異動の期間を長くし、事務系も専門性を深めるべきだ。

意識の面でも予算主義から成果主義への意識転換の必要性や、より民間企業の会計に近い東京都や大阪府が導入している「発生主義と複式簿記による基準方式」への転換をはかり、「公会計の見える化」を進めなければならない。まだまだセクターとして成長が望まれるNPOなど地域社会の担い手との連携強化も緊急の課題だ。

本当に課題は山積みだが、とにもかくにもその地域特有のビジョンありきの話だ。民間企業でもグランドデザインが無ければ目先の課題や利益に追われ、本当に大事なものを失ってしまう。どこの街に行っても大きな道路の両側には大型量販店が立ち並び、似たような景色ばかりになってしまう。それが地方創生時代の都市の姿だろうか?個性豊かな地域と言えるだろうか?もう一度、地域ごとの良さを見つめ直し、その都市ごとのビジョンを市民のみんなで創り、共有し、そこに向かって協働するべき時が来たのだ。

今の神戸は30年かけて、もともと備わっていた自然環境と神戸を切り開いた先輩諸氏の財産を食いつぶしてきたと言っても過言ではない。子どもたちのために、私たちが味わった「あの神戸の輝き」を取り戻そう。もう一度、神戸が神戸らしくあるために、そして神戸のプライドを取り戻すために、青臭い議論を一緒に始めたい。この書籍がそのための「たたき台」となってくれるのであれば、本当にこれ以上の喜びはない。

私自身も神戸で生まれ育ち、学び、働いてきた。東京や福岡、ニューヨークにも住み、他都市の素晴らしさも経験して様々なことを感じてきた。そして何より、2度の市長選を通じて神戸市民の皆さんからいただいた多くの意見が一番の財産となっている。それを編集してまとめたのが、この神戸の都市ビジョンである。

さぁ、本当の議論はここから始まる！

最後に、こうした機会を与えていただいたカナリアコミュニケーションズの佐々木紀行社長、近下さくら副社長、脇本恵さんに感謝の気持ちを贈りたい。特に、6年前「この『情熱革命シリーズ』を4部作にしたい」と勢いだけで宣言した私に本当にお付き合いいただいた近下さんには感謝してもしきれない。

また、ずっと編集・校正を支えてくれた嘉納泉さん、制作進行を取りまとめてくれた半田健吾さんにも感謝の気持ちでいっぱいだ。さらに、示唆に富む意見やアイデアを提供してくれた飛岡健さん、佐竹隆幸さん、藤原和博さん、出島誠之さん、西村典芳さん、妙見昌彦さん、荒井尚英さん、村上英樹さん、竹山清明さん、勝見博光さんの神戸義塾講師陣、平野章三さん、大石よしのりさん、神戸志民党のメンバー、三戸政和さん、KRP総研のスタッフ、神戸志民広場の皆さんのおかげで何とかこの書籍が完成した。良い仲間に囲まれて本当に幸せである。これからもっと皆さんと議論し、この都市ビジョンがバージョンアップできるように、まだまだ私自身も研鑽を積んでいきたいと思う。

参考文献

週刊東洋経済　経済を見る眼　小峰隆夫　2014年8月23日
デフレの正体　藻谷浩介
里山資本主義　藻谷浩介
横浜市の税収構造　尾澤詳憲
日本を元気にするNPOのつくり方　市村浩一郎
「人」財経営のすすめ　佐竹隆幸
新地方公会計　公会計改革に協力する会計人の会
神戸を読む　藤井康生
地域主権型道州制　江口克彦
地方消滅　増田寛也
The End神戸空港　野村知生
財政のしくみがわかる本　神野直彦
行政の解体と再生　上山信一＋桧森隆一
ストラスブールのまちづくり　ヴァンソン藤井由実
クォリティ国家という戦略　大前研一
神戸・都市経営の崩壊　週刊ダイヤモンド特別取材班

著者
樫野孝人（かしの・たかひと）

1963年生まれ。神戸大学経済学部卒業。

㈱リクルートで人事、雑誌編集長、福岡ドーム（現ヤフオクドーム）でイベントプロデュースを担当後、2000年㈱アイ・エム・ジェイの代表取締役社長に就任し、ジャスダック上場。

国内最大手のweb構築企業に成長するとともに、「ＮＡＮＡ」「るろうに剣心」などのヒット映画も製作。2013年神戸市長選挙に立候補。156214票獲得するも5675票差で惜敗。

広島県庁や京都府庁の特別職参与として、「おしい！広島県」や「もうひとつの京都」観光キャンペーンを企画。現在、㈱CAP代表取締役社長、神戸志民党代表、KRP総研理事。著書に「情熱革命」「無所属新人」「地域再生７つの視点」「おしい！広島県の作り方～広島県庁の戦略的広報とは何か？～」など。


かしのたかひと公式ホームページ　http://www.kashino.net/

樫野孝人　既刊本のご案内

情熱革命〜神戸を変える、市民が変える〜

神戸をチェンジするのは彼しかいない！

地元・神戸で育った著者が神戸を変えるために立ち上がった。
情報誌の編集長からコンサルティングまで、豊富な経験を街づくりに生かします。
自然エネルギーで暮らせる街、ゴールドおじいちゃん・おばあちゃんが輝く街、
子どもたちが「はじめてのおつかい」をできる街など……。
彼にしか出来ない都市経営策がここに！
読めばあなたも神戸を好きになり、彼を応援したくなるでしょう。

樫野孝人著　2009年10月8日発刊　定価　1000円（税別）
ISBN978-4-7782-0117-3

無所属新人〜上場企業社長の選挙ものがたり〜

神戸を愛する民間企業の社長が市長選に踏み切った!!
選挙を通じて見えてきた、その内情を告白。

「地元・神戸の発展に貢献したい」と市長選に立候補した著者。
経営者の視点から見た日本の選挙戦とは？
立候補から選挙終了までを赤裸々に綴った渾身のレポート！
情熱革命を巻き起こした熱い著者の第２作。

樫野孝人著　2010年5月20日発刊　定価　1200円（税別）
ISBN978-4-7782-0134-0

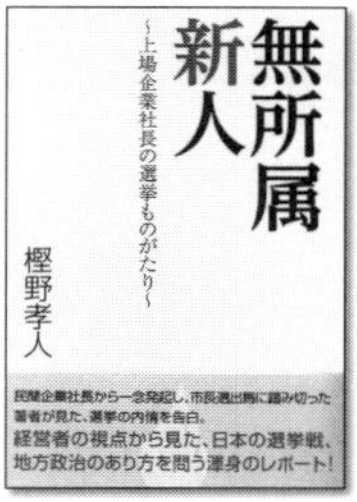

地域再生7つの視点

情熱を持って行動することで化学反応が起こる！

地域再生の鍵となる「方法の原理」とは何か。７つの視点から考察する地域活性化への道筋がわかる１冊。情熱を傾けて行動する原点がここにある——。

樫野孝人・山口裕史共著
2012年7月7日発刊　定価　1400円（税別）
ISBN978-4-7782-0225-5

おしい！広島県の作り方〜広島県庁の戦略的広報とは何か？〜

人員削減、給与カットとは違う「もうひとつの行政改革」の現場がここにある！

広島県県庁の広報総括監になった著者が、縦割主義や予算主義の壁を乗り越え、広島県庁の基本指針を基盤にまったく新しい５つの広報戦略をつくりあげた。この５つの方針とは何か？民間企業のノウハウを行政の中に取り入れ、意識的改革に乗り出していく。そこでは、地道な戦略と粘り強いコミュニケーションに裏付けされた成功法則があった…。

樫野孝人著
2013年2月10日発刊　定価　1200円（税別）
ISBN978-4-7782-0246-0

人口減少時代の都市ビジョン

2015年３月10日〔初版第１刷発行〕

著　　者　　樫野孝人
発 行 人　　佐々木紀行
発 行 所　　株式会社カナリアコミュニケーションズ
〒141-0031　東京都品川区西五反田６－２－７
ウエストサイド五反田ビル3F
TEL 03-5436-9701　FAX 03-3491-9699
http://www.canaria-book.com
印 刷 所　　株式会社神戸新聞総合印刷

ISBN978-4-7782-0297-2 C0031